Ⓢ新潮新書

荻原博子
OGIWARA Hiroko

老後の心配はおやめなさい

親と自分の「生活戦略」

JN030075

962

新潮社

はじめに――「いい人生」は「不安」解消から

今、40代や50代のあなたにとって、親の老後と、その次にやってくる自分の老後は、できれば考えたくないことでしょう。

70代、80代の親に見える記憶力の衰えの兆し。もし介護が必要になったら、どうやって面倒を見ればいいのか――心がざわつくはずです。

自分を育ててくれた両親です。残り少ない人生を、できるだけ幸せに過ごしてほしい。けれど、我が身を考えれば、それができるのか……？　不安になっても無理はありません。

50歳を過ぎれば、会社ではそろそろ役職定年。そのぶん年収が下がることが予想されます。かといって、起業するには、遅すぎる。転職するには、危険すぎる。65歳まで勤

め続けることはできるけれど、残っている先輩たちを見るとヤバすぎる。

そんな時、ふと頭をよぎるのが自分の老後。

上の子供は、社会人になったとはいえ、とうてい経済的に頼れる状況ではない。下の子供は、大学を卒業するまでにあと2年。その学費が、自分たちの老後資金に食い込みそうで怖い。子供の手が離れた妻は働きに出たけれど、新型コロナでパートを辞めて家にいる。

そんな自分に、本当に「親の介護」など、できるのだろうか。

そもそも、自分の老後は大丈夫なのだろうか。

面倒を見なくてはならないのは、自分の親だけではないのです。姉は、すでに嫁ぎ先の親の介護で手一杯。妻は一人っ子。妻の親の面倒も見なくてはいけません。親は自分の両親だけではないのです。今は健在な妻の両親も合わせれば計4人。

4人の親の介護が、そんなに遠くない将来、自分の肩にのしかかってくるのです。それだけで絶望的な気がしてしまうかもしれません。

妻は、生活がいっこうに楽にならないと嘆いてばかりいます。それを聞くと、なんだか自分の無力を責められているような気がして気分が塞ぎます。

そんな毎日を過ごしていれば、不安ばかりが心に広がります。鬱々と過ごしている方も多いのではないでしょうか。

今の生活を変えたい。より良くしたい。願望は大きいのに、どうすればいいのかわからない。

大丈夫、諦める必要はありません。

「不安」は、正体がわからないから生まれます。まず、親の老後を上手に乗り切りましょう。そのためにやらなくてはならないことを整理し、お金を軸にした具体的な戦略が立てられれば、「親の老後に対する不安」は和らぐはずです。

親の老後を無事に乗り切れる戦略が立てられれば、いずれくる自分の老後についても具体的なビジョンが描けるはずです。そうすれば、「自分の老後に対する不安」も和らぐはずです。私もそうやって「自分の老後」と向き合えました。

考えなくてはいけないのは、遠い先の老後ではなく、今、何をしておくか。無駄に老後の心配をするより、今、確実にできることをする。豊かな老後とは、今の延長線上にあるのですから、まず足元から固めていきましょう。

やるべきことをはっきりさせ、粛々と実行し、「いい人生だった」と親が最後に思ってくれれば、そして自分自身も満足することができれば、それは本当に「いい人生」だと思いませんか。

本書では、親も自分も「いい人生だった」と最後に思えること——それを目標に、初歩の初歩から、そのための戦略とお金への対処法を一緒に考えていきましょう。

老後の心配はおやめなさい◇目　次

イラスト：星野ロビン

第1部　親の老後——そんなに心配いりません

第1章　親は、意外にお金持ち

親はどれくらいお金を持っている？

まず、安心できる材料から考え始めましょうか。

親はお金を持っているのかどうか？

親が大金持ちなら、親の老後も自分の老後も心配しないですみます。でもそんな人はごくわずか。本書を読む必要もないでしょう。

ほとんどの人は、親は自分の老後の面倒を自分で見られるのか？　お金は足りるのか？　自分は何を、どのくらい負担しなくてはならないのか？　なにを準備すればよいのか？　というところでモヤモヤとした不安を抱くのではないでしょうか。

まずは一般的な事実からお伝えしましょう。

みなさんの親世代は、みなさんが思っているよりも、お金を持っている方が多い。

戦後の貧しい中で生まれ育ったので、小さい頃から節約志向が強い。高度成長の波で給料は右肩上がり、上がった給料を基準に退職金をもらい、大手企業に勤めていれば、かなりの額の企業年金ももらっているでしょう。

まだ地価が安い時に家を買い、そのローンも終わっている人がほとんど。高齢者の持ち家比率は8割以上です。子供の教育費も今のように高校入学から大学卒業までほぼ1000万円（日本政策金融公庫調べ）かかるような時代ではありませんでした。それもあって、貯蓄も多いのが今の高齢者なのです。

その上、公的年金も高い給料を基準にもらっていますから、貯蓄に手をつけずに、年金の範囲内で暮らしている人が半分近くいます。

どうでしょう。少し安心できたでしょうか。

子供が知らない親の財産

総務省の2021年の家計調査によると、65歳以上の高齢者の世帯平均貯蓄額は2376万円。ただ、ここにはかなり高額な資産を持っている人も含まれています。中央値（貯蓄ゼロ世帯を除いて貯蓄高の低い順に並べた時の真ん中）を見ると、1588万円。1000

親の預貯金を把握している人

・男性　50代後半37.6%　60代前半51.9%　60代後半63.7%
・女性　50代後半40.1%　60代前半50.6%　60代後半50.5%

親の預貯金や財産の一部でも管理や管理の支援をしている人

・男性　50代後半17.6%　60代前半25.5%　60代後半32.6%
・女性　50代後半16.8%　60代前半24.0%　60代後半29.1%

親の財産の管理・管理の支援をする理由となった親の状態

・「ＡＴＭの操作・利用に支障が出てきた」
認知症の兆候がない親が１人でもいる人の場合　21.2%
認知症の兆候がある親しかいない人の場合　42.2%

・「入院または介護施設に入所・入居した」
認知症の兆候がない親が１人でもいる人の場合　27.4%
認知症の兆候がある親しかいない人の場合　54.2%

出典：2019年　親の財産管理と金融リテラシーに関するシニア世代の意識と実態

万円以上持っている人は約6割です。

もちろん、貯蓄が１００万円未満という人も8・3パーセントいるのですが、ほとんどの高齢者の家庭では、ある程度の貯蓄を持っていると考えていいでしょう。

しかも、これは金融資産だけのデータです。家や田畑などの不動産を加えると、持っている資産はさらに増えます。

ところが、その子供の世代は、自分の親がどれくらいの財産を持っているのか知らない人が多いのです。これが、「不安」の源と言ってもよいのではと思います。

お金の話は親としづらい。踏み込んでいいのかわからない。下手に聞くと「財産を狙っているんじゃないか」と勘ぐられるのではないか。

親の財産がどのくらいあるのか聞けない理由はそんなところではないでしょうか。

しかも、２０２０年の65歳以上の高齢者の認知症の推定有病率は16・7パーセントと6人に1人。

認知症の初期症状に「疑り深くなる」というのがあるそうです。とくに、「ものを取られた」という妄想は、家族など身近な人に抱きやすいのだそうですから、なおさら聞きにくくなるのかもしれません。


明治安田総合研究所の「２０１９年　親の財産管理と金融リテラシーに関するシニア世代の意識と実態」によれば、50代後半で「親の預貯金を把握している」男性は37・6パーセント、女性は40・1パーセント。「親の預貯金や財産の一部でも管理や管理の支援をしている」人に至っては、なんと50代後半では男女ともに2割を切っています。

これでは、親の老後について不安になってしまうのも無理がありません。

では、どうすれば、いいのでしょうか。

親のお金を知りましょう

身もふたもない話だと思うかもしれませんが、親がどれくらいのお金を持っているかで、様々なことへの対処方法はちがってきます。

この2年半、新型コロナ禍で田舎に帰れず、親にも会えず、親孝行もままならなかった人も多かったはずです。親が老人ホームに入居したまま、面会できない状態で他界し、死に目にも会えなかった方も多くおられます。

テレ東プラスが「Yahoo! ニュース」の協力を得て、全国の40代から60代の男女2000人に行ったアンケート（2021年9月7日〜8日）では、「親の看取りで後悔している」という人は41パーセントに上りました。

「自分は親孝行だったと思いますか？」という設問で、「はい」と答えた方が17パーセント、「いいえ」と答えた方が45パーセント。

「もう一度やり直せるとしたら、どんな親孝行がしたいですか？」という設問には、「話をもっと聞いてあげたい」「旅行にたくさん連れて行ってあげたい」「傍にいてあげたい」などの答えが返ってきています。

親の老いが見えてきたら、まずはその現実を受け止めること。残りの人生を親と楽しく生きるには、なにが必要か考えておかなくてはなりません。

その中の大きな柱となるのが、「親のお金の状況」です。

「お金」の話というのは後回しにしがちですが、体が衰えてヘルパーさんに来てもらうにも、老人ホームに入居するにも、介護施設で面倒を見てもらうにも、ある程度のお金が必要になります。

「親のお金の管理」を目標に

介護施設に行くほど衰えていなくても、年に何回かは家族で旅行がしたい、などという時、お金を気にせず行けるくらいの蓄えが親にあれば安心なはずです。

また、親が普段からどんなお金の使い方をしているのかを見ておけば、思いもよらぬ事態を未然に防げます。

私の友人の母親は、80歳を過ぎて通信販売にハマり、タガが外れたように買い物をしはじめました。

「お出かけする時には、ちゃんとしないとね」と、30万円もする本真珠のネックレスを送ってきて、驚いて田舎に飛んで帰ると、部屋の中には、高価な化粧品が山積み。健康器具や健康食品、サプリメントの類がゴロゴロと転がっていたそうです。恐る恐る通帳の残高を見ると、父親が死後に残した財産の半分以上がすでに通販で消えていたそうです。

急いで医者に診てもらったところ、認知症の初期だったそう。一人暮らしの寂しさも重なり、物を買いこむということに走ったというのです。

今は2人でつつましく年金生活をしている両親であっても、年老いてくると、生活の様々なところに支障が出てきます。

体が衰えるのは年齢のせいですが、体だけでなく、認知能力も徐々に衰えていきます。家計の収支をうまく考えられなくなったり、いつのまにか詐欺にお金を騙し取られていたりと、とんでもないことが起きる可能性もあります。

ですから、できればそうなる前に、親がどれくらいのお金を持っているのかを把握することが必要です。イザとなったら、それを管理してあげられるようにしておくことも親孝行の1つ、と思うところから始めましょう。

なんだかんだと世話を焼いてきて、わずらわしいと思うこともある親。でも、いくつになっても子供を気にかけてきてくれたのも事実でしょう。

70歳、80歳になれば、今まで人一倍元気だったはずの親も、ふっと老いた顔を見せます。そんな姿を見れば、心が痛むと同時に愛おしくも感じないでしょうか。老い先短い親に、幸せな生涯を送ってもらいたいと願うのも、子の真情ではないかと思います。

ですが、次の項で述べるように、高齢者のお金はさまざまな形で失われてしまいかねません。まずはその危険性を見てみましょう。

狙われてます、高齢者のお金

今の高齢者のお金が、相続もされずに失われてしまう危険にどれだけさらされているか、見てみましょう。

「高齢社会白書」によると、2019年の「65歳以上の者のいる世帯」は2558万世帯。このうち、一人暮らしの高齢者世帯は28・8パーセントの737万世帯。「高齢者世帯」3件に1件は独居老人ということになります。

と同時に、誰にも見とられない孤独死が増え続けています。

2018年の東京都監察医務院のデータでは、東京都区部で発生した孤独死は5513件で、そのうちの約7割が65歳以上でした。特に、65歳から69歳の男性が多いのですが、最近では未婚や離婚した40代から50代の男性も増えているようです。

実は、こうした一人暮らしの高齢者の中には、不安からか、自宅に現金を置いておく人が多いようです。

2021年10月、三重県のごみ処理施設で作業員が、1万円札286枚を発見。その前の9月には東京で、回収した古紙から1万円札192枚が見つかりました。さらに2021年9月にも岐阜市でごみの山の中から現金700万円が見つかっています。

これらのお金は、亡くなった方のタンス預金と見られています。

意外に多い隠し財産

生前整理や遺品整理、孤独死などの現場を清掃する特殊清掃会社の社長に、次のような話を聞いたことがありました。

「家族がいれば家族がするはずの遺品整理ですが、家族がいない、いても遠く離れていて生活を一緒にしていないと、死後の現場はかなり凄惨な状況になるので、専門業者でなくては処理できない。遺品は、業者に頼んでごみとして廃棄してもらうケースが多いですが、その中に、たまたま故人が隠していた現金もあるのです」

この会社でも、孤独死の現場に入って現金を発見することがままあって、最大2億円を超える現金を遺族に渡した年もあったとのことでした。

「我々は、信用が第一の仕事なので、しっかり整理しお戻ししています。ただ、タンス預金は、本人しか知らない意外なところに隠されているケースが多く、我々も見落とす場合もありますから、こうしたものがごみの処理施設で見つかるのでしょう」

なぜ老人は現金を手元に置くのか？

日本には、現在100兆円を超えるタンス預金が眠っているといいます。

なぜ、大金を家に置く高齢者が多いのか。

興味深い実験があります。トマス・ザレスキュイツという心理学者が行なった「死の恐怖とお金」についての実験です。

被験者に、死を連想するような10項目の質問をし、そのあとで2つのグループに分けて、1つのグループには本物の札束を数えさせ、もう1つのグループにはお札と同じ大きさに切った紙の束を数えさせました。

すると、本物のお札を数えたグループの人は、紙の束を数えたグループの人に比べて、死への恐怖が5分の1に減少したそうです。

地獄の沙汰も金次第と言いますが、お金は人間が本能的に抱く死への恐怖の緩衝材になっているということです。

大金は、銀行に預けるべきですが、一人暮らしで銀行も信用できないので、お金を手元に置きたいという高齢者もいます。

だとしたら、ごみとして捨てられないよう、大きめの家庭用の金庫を買ってあげて、現金も含めて大切なものは全てそこに入れておくようにしてもらう。その際は、立派な革の手帳を添え、「暗証番号は、忘れたら大変だから、ここに書いておくといいよ」と渡せば、記憶力に自信がなくなりつつある親は、意外と素直に書いておきます。

仮に、暗証番号がわからないまま認知症になったり他界されてしまっても、家庭用金庫なら、専門の業者に頼めば、すぐに開けてもらえます。

保険金や貯金が消えてしまう！

高齢者の財産が相続されることなく失われてしまう例はまだあります。保険や貯金も失われる可能性があるのです。

まず保険ですが、保険は満期が来たら、自分で請求しなくては、もらうことができません。

実は、郵便局には、2019（令和元）年9月末時点で、支払期日を1年以上過ぎているにもかかわらず、引き取られていない保険金等が、なんと約1300億円もあるのです。

保険金は、満期が近づくと保険会社から通知が来るのですが、親が認知症になってしまっていたり、すでに他界していて、家族がそうした通知に気づかないと、請求手続き

【令和元年９月末】　　（単位：百万円）

区分	支払期日を１年以上過ぎても受け取られていない金額
満期保険金	68,251
生存保険金・介護保険金	27,731
年金	27,651
失効・解約還付金	2,288

出典：独立行政法人郵便貯金簡易生命保険管理・郵便局ネットワーク支援機構ＨＰより

がされないままになってしまいます。

表は、「郵便局」で、「民営化」後に満期を迎えたけれど、引き取り手が申請せずに、払い戻されないままになっている保険の金額です。「郵便局」で満期を迎える貯蓄性のある保険には、運用利回りの高い時期に貯金代わりに入っているものも多く、商品によっては支払保険料の２倍弱まで増えているものもあります。

「郵便局」の保険は、大きな保険ではないので、人間関係で頼まれて加入するというケースも多くあります。それだけに、本人が加入していたことを忘れやすく、家族がもらい忘れを発見しにくい保険でもあります。

こうした保険が引き取り手のないままになっているというのは、なんとももったいない話なので、心あたりがあったら、本人が利用していた郵便局の窓口か、「かんぽコールセンター」に問い合わせてみましょう。

「貯金」にももらい忘れが

「郵便局」には、保険だけでなく消滅寸前の貯金も多額に眠っています。

２００７年の郵政民営化前に預けた「定額郵便貯金」「定期郵便貯金」「積立郵便貯金」「住宅積立郵便貯金」「教育積立郵便貯金」などは、20年２ヶ月経つと国に没収されて、引き出すことができなくなります。つまり、放っておくと、遅くとも２０２７年にはこれらの貯金は消えてしまうのです。

郵政民営化前の「郵便局」は国に所属する金融機関でしたから、「旧郵便貯金法」が適用され、預け入れて満期をむかえた翌日から20年間払い戻しがないと、払い戻しの権利が消滅するとなっているからです。

ただし、満期後10年が経過する時や、満期後20年が経過する時には、届け出のあった住所に「このままでは消滅しますよ」という案内がいきます。20年が経過した案内を出してから２ヶ月してもお金を引き取りに来ない場合に、権利は「消滅」します。

郵便貯金の権利消滅額

（単位：億円）

区分	平成19年度	平成20年度	平成21年度	平成22年度	平成23年度	平成24年度	平成25年度
権利消滅額	48	29	37	234	82	71	79

区分	平成26年度	平成27年度	平成28年度	平成29年度	平成30年度	令和元年度	令和2年度
権利消滅額	155	144	63	33	81	62	367

注：満期を経過した郵便貯金について、満期後 20 年を経過してもなお払戻しの請求等がない場合には、権利消滅の案内（催告書）を送り、その後２ヶ月を経っても払戻しの請求等がない場合には、旧郵便貯金法の規定により郵便貯金の権利は消滅します。

睡眠貯金残高

（単位：億円）

区分	平成19年度末	平成20年度末	平成21年度末	平成22年度末	平成23年度末	平成24年度末	平成25年度末
睡眠貯金残高	1,969	2,014	2,085	3,252	4,312	4,525	4,589

区分	平成26年度末	平成27年度末	平成28年度末	平成29年度末	平成30年度末	令和元年度末	令和2年度末
睡眠貯金残高	4,749	4,482	4,347	4,515	3,933	3,524	3,476

注１：睡眠貯金は、定額郵便貯金等が満期となり、通常郵便貯金となった後 10 年間預入、払戻し等の取扱いがないため、旧郵便貯金法第 40 条の２第１項の規定により貯金の預入又は一部払戻しの取扱いをしないこととされた通常郵便貯金です。
注２：軍事郵便貯金等の残高（46 億円）を含んでいます。

出典：いずれも独立行政法人郵便貯金簡易生命保険管理・郵便局ネットワーク支援機構ＨＰより

このため、20年2ヶ月経つと、国庫に入るルールになっているのです。

前ページの表は、2007（平成19）年から2020（令和2）年までの間に「権利消滅」した「郵便貯金」。なんと、14年間に、1485億円もの貯金が、国のものになっています。

実は、「消滅」しないけれど、預けてから10年以上経過して、引き取り手がない「睡眠貯金」も「郵便局」には、大量にあります。2020（令和2）年度末だけでも、3476億円もあるのです。

この中には、将来、「消滅」してしまう貯金も、かなり含まれていると思われます。

こう書くと、心配になってきますが、預けて10年以上利用されていない口座は、「郵便局」では「睡眠貯金」、銀行では「休眠預金」と呼ばれて、払い戻しの手続きを踏めば、引き出すことが可能なものも多いです。

どうすれば親の資産を見つけ出せるか

両親の物忘れがひどくなると、加入していた金融商品についての手がかりを見つけるのは大変になりますが、まずは古い通帳や保険証券がないか一緒に探してみましょう。「10年以上使っていない預金は消えてしまうものがあるそうだから、一緒に探しましょう」と言えば協力してくれるでしょう。金融機関からの郵便物は、取っておくという高齢者は多いですので、こうしたものがあったら、付き合っていた金融機関がわかります。

さらに、銀行、信用金庫、郵便局などのネーム入りの風呂敷やレターセット、貯金箱などが家にあるなら、何らかの取引があったと考えられます。

銀行の支店名がわかれば、預金口座を特定し、情報開示の請求が可能です。

自分名義の口座の場合とちがい、認知症になった家族や亡くなった方の休眠口座を見つけるのには、煩雑な手続きが増えます。

認知症の場合には、成年後見人などの手続きをしなくては銀行からお金が出せないケースもままあります。故人の口座の場合には、相続人であるということを証明し、専門の弁護士に頼んだほうが面倒がないかもしれません。

親が騙されないように、気をつけて！

タンス預金や保険金、貯金が没後に失われてしまうというのは、親にとってはさして痛みはないでしょう。ご本人はもう、あずかり知らぬところにおられるのですから。しかし、存命中の高齢者を狙う輩が多いのも、みなさんよくご存知でしょう。

2021年12月、警視庁は東京都内の特殊詐欺、いわゆるオレオレ詐欺などの詐欺被害が大幅に増加したことを受け、情報の提供と被害防止の対策を呼びかけました。

警視庁によると、21年の特殊詐欺の認知件数は3319件、前年と比べて423件も増えたそうです。被害額は、約66億2152万円。前年よりも2億8042万円も増えたとのこと。こうした詐欺の被害は、高齢者に集中していて、7割以上が65歳以上の高齢者と言われています。

増加を続けるATM詐欺

オレオレ詐欺だけではなく、ATMを使った「還付金詐欺」も増えています。

高齢者の中には、機械オンチで、ATMはお金を引き出す時にしか使わないという人が多くいます。ですから、扱いに慣れていないのですが、「新型コロナで還付金が出ます。銀行口座に振り込みますので、お手数ですが近くのATMまで行ってください」と言われると、お金がもらえるのだと思ってのこのこと出かけて行く。

そこで、振込金額を入力させられ、「では、あなたの口座に振り込みますから、画面の〝振込〟のボタンを押してください」と言われると、疑いもせずに押してしまう。

当然ながら、お金は相手の口座に振り込まれるということになります。

銀行などでは、高齢者へのこうした詐欺を防ぐために、振込の利用制限を設けたり、大きな額を振り込むには窓口に行くしかないようにしているところもあります。親が使っている金融機関の対策網から漏れてしまわないか気にしてあげた方がよいでしょう。

火災保険詐欺は10年で約24倍に

「無料修繕詐欺」も増えています。

自然災害は「火災保険」で保障されるケースが多いので、災害が起きると「屋根瓦が割れていますよ。火災保険金を使って、無料で住宅の修繕をしませんか」という修繕業者の訪問が増えます。こうした中に、詐欺師がいて、最終的には法外なお金を払わされるケースが後を絶たないようです。

国民生活センターによると、「保険金で修繕詐欺」のトラブル相談は、ここ10年で約24倍にも増えていて、70歳以上が、全体の約半数を占めています。

高齢者を狙う金融機関

高齢者の持っているお金を狙っているのは、詐欺師たちだけではありません。

超低金利で利ざやを稼ぐことができなくなっている金融機関が、生き残りをかけて力を入れているのが、確実に手数料が稼げる投資信託や保険商品の販売です。

投資商品は、本来なら手数料の安いインターネットなどで買うべきですが、ネットで買えない高齢者は、わざわざ銀行などの窓口に行く。そこで、手数料が高い投資信託を買わされ、「カモがネギを背負って、鍋に飛び込む」といった状況になりやすい。

特に、毎月、分配金が出る商品については「年金の不足分が補えます」などと言われて買わされていて、国民生活センターにはこうした投資商品への苦情が多く寄せられています。

日本証券業協会でも、高齢者に投資商品を販売する際の厳しいガイドラインを出していますが、金融機関も売上が欲しい、背に腹は代えられないということで「本人のたっての希望」という理由で販売するケースが後を絶ちません。購入は本人の意志だと言われれば、引き下がるしかないのが実情なのです。

高齢者には運転もリスクです

騙されたり、契約そのものを忘れていたりして親のお金が失われるリスクもありますが、親自身が問題を起こすリスクもあります。

高齢ドライバーの事故が多発しています。

警視庁によると、２０２１年に交通事故は2万７５９８件発生していますが、そのうちの４３７０件は高齢運転者によるものでした。原因の約8割は、脇見をしていたり、考え事をしていたことによるものでした。

当然のことですが、交通事故、しかも死亡事故など起こしてしまえば親の余生はがらりと様変わりしてしまいます。あってはならないことですが、これが現実でもあります。

警察庁のまとめによると、２０２１年に自動車などで死亡事故を起こした75歳以上の運転者では、事故前の認知機能検査で44%が「認知症の恐れ」（第1分類）か「認知機能低下の恐れ」（第2分類）と判定されていたそうです。認知機能の低下が死亡事故につながっているのです。

また、免許保有者10万人あたり、75歳以上の高齢者は75歳未満の2倍以上の割合で死亡事故を起こしているとのこと。なかでも「ブレーキとアクセルの踏み間違い」による事故は、75歳未満では1・3%だったのに対して、75歳以上では10・7%に上るそうです。

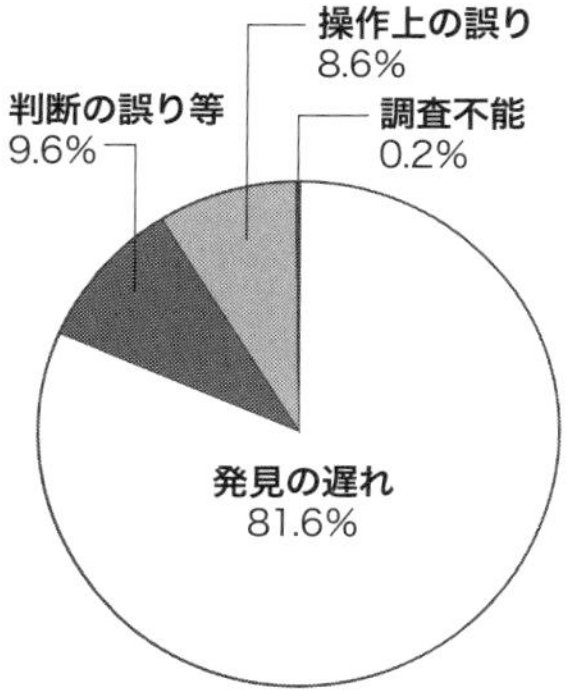

出典：高齢運転者交通事故発生状況（2021年）・警視庁HPより

高齢者ドライバーが増えたのだから、高齢者の事故が増えるのは当然だ、という声もありますが、高齢者が事故を起こした場合、重大事故につながりやすいという傾向もあるのです。

交通事故の代償は大きい

みなさんもご存知でしょうが、2019年4月に東京の池袋で起こった高齢者の暴走事故では、31歳の母親と3歳の娘さんが亡くなり、9人が重軽傷を負いました。ドライバーの高齢者は当時87歳。過失運転致死傷の罪に問われ、長い裁判の末に禁錮5年の実刑判決を受けました。判決当時は90歳になっていました。

事故を起こした場合、基本的に被害者への賠償金は保険でまかなえます。しかし、本人のショックも多大ですし、万が一このように実刑判決を受けてしまえば、なにより貴重な時間が失われてしまいます。

しかも、近年では、親ばかりでなく子供にも責任が問われるケースもあるのです。

親が認知症だと子供に賠償責任?!

親が大きな事故を起こしたとしても、裁判所が親を認知症と認めれば、「責任能力なし」とされるかもしれません。

ただ、その代わりに、子供が賠償責任と慰謝料を求められることがありうるのです。民法第714条は「責任無能力者の監督義務者等の責任」を定めていて、監督責任者が第三者に加えた損害を賠償する責任を負う、とあるのです。また、「監督義務者に代わって責任無能力者を監督する者も、前項の責任を負う」ともあります。

これは、例えば父親が運転して事故を起こし、認知症と判明したとします。この場合、本人は責任を免れたとしても、子供とその妻が訴えられる可能性がある、ということです。実際に、そのようなケースもすでに報道されています。

今の自動車保険では、補償の対象となる被保険者に監督義務者も含まれているものが多いようですが、親が車を運転するなら、確認しておいた方がよいでしょう。


みなさんの親は、案外お金を持っています。今は元気かもしれません。ですが、さまざまなリスクにもさらされていて、親が大事にしてきたその財産も、失われてしまう危険が多くあることはご理解いただけたでしょうか。

では、どうすればよいのか考えてみましょう。

第2章　親のお金を守りましょう

まずは親と信頼関係を築く

前の章を読んで、あなたの親がどれくらいお金を持っていて、それと同時に、現在、どんな危険にさらされているか伝わったでしょうか。

親がどれだけ一生懸命働いて、どんな思いで今の財産を築いたのか――40代、50代に達したあなたなら想像がつくはずです。

これは、守らなくてはなりません。他でもない、あなたが。

親が存命中に財産を失えば親が困窮します。没後に失えば、あなたのためにと親が遺してくれたものをむざむざ失うことになります。

前の章でまずは「『親のお金の管理』を目標に」と書きました。それが親孝行の1つになるのだとも。親のお金を守るには、それがまず第一歩だからです。

そうは言っても、親にとって、今ある財産は「命綱」。やたらに持っていることを子供に話したりもしないでしょう。子供から「お金を貸してくれ」などと言われても困ります。親にだって、将来の計画や見通しがあるのですから。

あるいは反目し合っている親子関係では、親が元気なうちにお金の話をしようと思っていても難しいでしょう。

日々のコミュニケーションを大切に

お金のことは親子でも話しにくいですが、大事なのは信頼関係。

それなくして、親の財産状況を把握するなどというのは難しいことです。

例えば、前の章で挙げたＡＴＭ詐欺だって、被害を最小限にする方法もあるのです。

それは、親の口座から振り込める金額の上限を、１日20万円くらいに設定しておいてあげることです。

高齢者の場合、１日に20万円以上の振込が必要になることは滅多にありません。詐欺にあったとしても、被害はその範囲内で済むことになります。

でもその設定をするには口座の管理を任されている必要があります。

あるいは、火災保険詐欺。

これだって、契約が必要なことがあったら、親1人で決めず、必ず相談の電話をくれるような信頼関係があれば防げます。消費生活センターに「188（イヤヤ）」というホットラインがあるので、こちらに電話すれば対処してくれます。

親がオレオレ詐欺に遭わないようにすることも、タンス預金が失われないようにすることも、親が忘れてしまった保険金、預貯金を受け取り損ねないようにすることも、親との日々のコミュニケーションと、そこから来る信頼関係があれば可能でしょう。

「親のお金を守る」には、親との向き合い方も考え直す必要があるかもしれません。


相続もそうです。

血の繋がりはなくても、寝たきりの親に尽くした息子の嫁がいたとしましょう。息子の嫁は法定相続人ではありませんから、本来、遺産を相続できません。ですが、この親が嫁の献身に報いてあげたい、と思った場合、「遺言書」があれば財産を分与できます。

相続では、財産を残した方の遺志が尊重されます。

「遺言書」は、2020年7月から、「自筆証書遺言書保管制度」によって、法務局で保管してもらえるようになりました。また、財産目録など一部は、パソコンを使って書いても認められるようになり、今までよりも身近になっています。

相続の基本を知っておきましょう

前の項で、「遺言書」の効能に触れましたが、「遺言書」に書いてあればなんでも実現するかといえばそうではありません。故人の遺志は確かに尊重されますが、一定の割合で、法定相続人が請求すればもらえる「遺留分」というものが決まっています。

ですから、親がすべての財産を長男の嫁に譲ると書き残しても、すべて長男の嫁の手には渡りませんし、「遺言書」に名前がない子供でも、相続する権利があれば、「遺留分」は請求すればもらえることになります。

遺留分を請求できるのは、「配偶者」「子（子が死亡していたら孫）」「両親（両親が死亡していたら祖父母）」です。

兄弟姉妹は直系ではないので、「遺言書」の内容にどんなに不満があっても「遺留分」は認められません。

また、家庭裁判所で相続放棄の手続きをした人も、「遺留分」の請求はできません。さらに、「遺言書」に細工するなどで相続欠格者となった人や、著しい非行などで相続人として廃除された人にも、「遺留分」は認められません。

「遺留分」と「遺言書」

「遺留分」は、基本的には財産の半分にあたり、ほかは「遺言書」を書いた人の思うようにできることになっています。

その半分の分け方は、相続する人がどれだけいるかによります。

仮に、相続するのが配偶者だけでしたら、２分の１は配偶者に「もらう権利」があります。配偶者と子供が１人いたら、４分の１ずつ。子供が２人いたら、子供のもらえるぶん、つまり４分の１を２人の子供で分けることになります。配偶者が４分の１、子供それぞれが８分の１ずつということになります。

配偶者も子供もおらず、父母のみという場合は、故人が自由にできるのは３分の２、父母が請求できるのは３分の１。この場合も兄弟姉妹は、請求することができません。

「遺留分」については、相続の開始を知ったときから１年以内に請求しなくてはなりま

遺留分

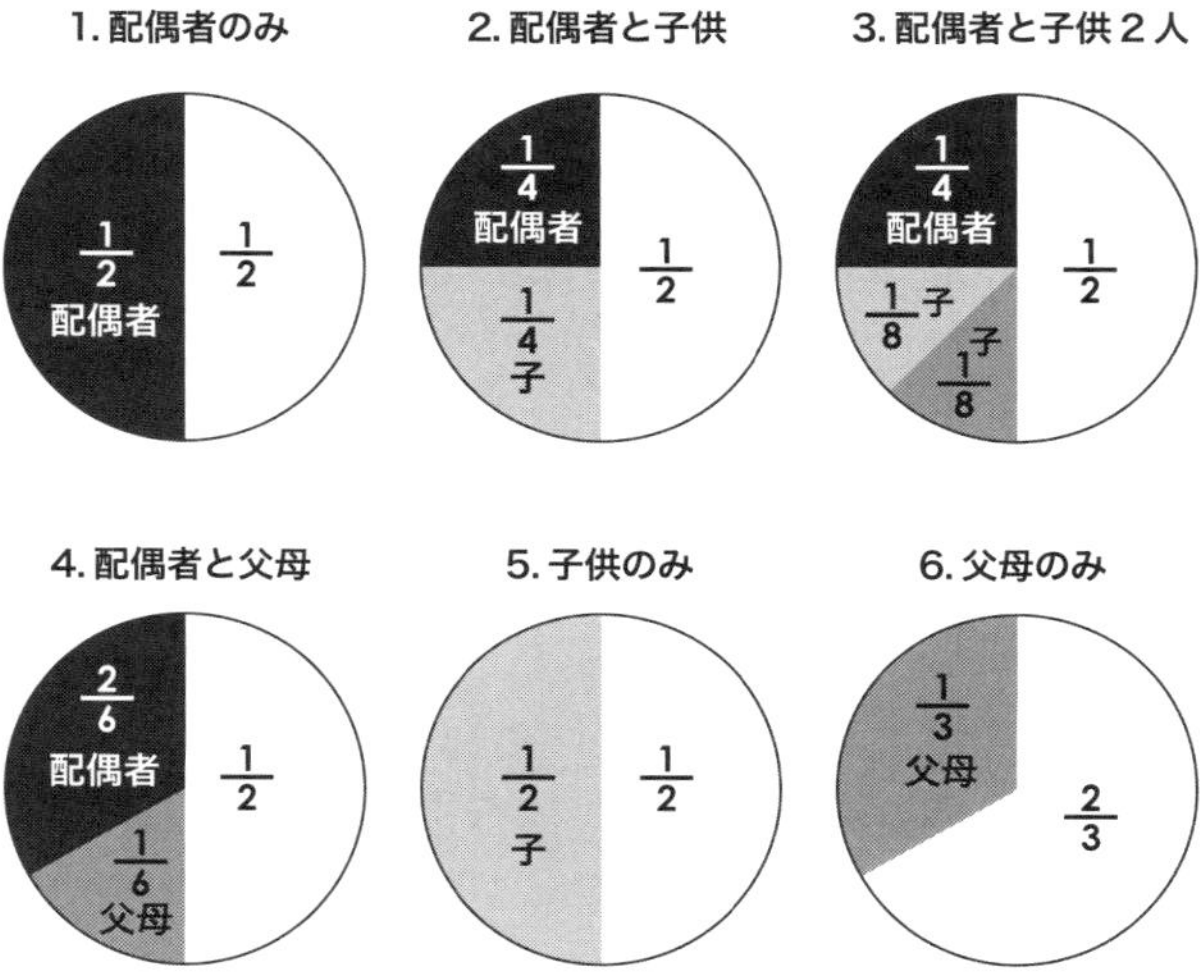

※1 無地の部分は亡くなった人（被相続人）が自分の意思で決められる分
※2 兄弟には遺留分はありません

せん。請求していれば、調停や訴訟で1年以上経っても大丈夫。

1年以内に請求を行ったという証拠を残すため、内容証明郵便などを送っておく必要があります。

献身的に介護した嫁は？

では、夫の親を一生懸命介護したのに、「遺言書」に記載がなければ妻は報われないのでしょうか？

改正民法で2019年7月から、相続人でない親族でも、無償で介護するなどの労力で貢献した場合、それを「寄与分」と認め、相続の開始後に相続人に対して金銭（特別寄与料）を請求できることになりました。対象となるのは、6親等以内の血族と3親等以内の姻族です。

65歳以上の世帯の貯蓄額の中央値は1588万円（2021年総務省家計調査）。仮に、これを3人の相続者で分けると1人約500万円。財産が多額だと、寄与度の評価も大きいかもしれませんが、嫁の寄与度が、相続する人の額を上回ることはないでしょう。

ですから、かなり献身的に介護しても相続財産の1割程度でしょうが、こういう制度があることを知っておくと、介護への心持ちも変わってくるかもしれません。

「争族」は年々増加

司法統計によると、相続に関する裁判所の相談件数は2000年には年間8889件程度だったのが、2019年には1万5842件に達しています。20年間で約1・8倍に増えているのです。

しかも、家庭裁判所に持ち込まれた遺産分割事件の3分の1は遺産額1000万円以下。1000万円と言えば、相続税がかからない範囲のお金で、右に挙げた高齢者の貯蓄額の中央値から見ればけっして大きい額とは言えません。でも、この金額を巡って兄弟親族が裁判で争っているのです。二度と兄弟仲の修復もできなくなるかもしれないこんな争いを起こさないためにも、少しでも親に財産があるなら、「遺言書」ではっきり遺志を伝えておいてもらうべきです。

離婚と相続

近年増加している離婚のケースにも触れておきましょう。

２０１９年の「離婚件数」は約21万組。結婚するカップルの3分の1が離婚するのだそうです。

そう考えると、読者の中には、親が離婚しているという方もいるでしょう。例えば母親が再婚したけれど、父親の財産を自分はもらえるのか？などと心配になるかもしれません。

ご心配なく。

離婚したら、夫婦（配偶者）ではなくなるわけですから、配偶者は基本的には相続をする権利は無くなります。

ただ、夫婦は離婚で他人になっても、子供との血のつながりが消えるわけではありま

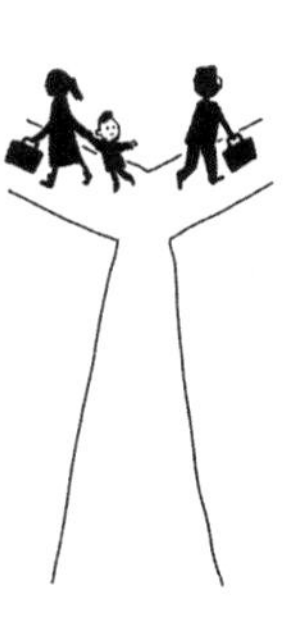

せん。ですから、子供には財産を相続する権利が残ります。

仮に、離婚後に子連れ再婚し、新しい親ができたとしても、子供は以前の親とは血縁関係がありますから、相続できます。

誰が相続できる？

例えば、夫Aと妻Bの間に子供Cがいて、AとBが離婚し、BがCを連れて家を出たとします。

その後Bは、職場の同僚Dと再婚したとします。この場合、元夫のAが死亡しても、元妻のBには相続権はありません。けれど、子供のCは、Aの財産を相続することができます。

また、妻と別れた後に夫AがEと再婚してFという子供をもうけていた場合、Aが亡くなると、配偶者のEと、Aと血のつながりのある子供C、Fの3人が、Aの財産を相続することになります。

では、妻Bの再婚相手Dが亡くなったらどうなるでしょう。

妻Bは配偶者なので、相続する権利があります。けれど、妻の連れ子のCは、Dとは血のつながりがありません。

CがDの財産を相続するためには、Dが亡くなる前にDと養子縁組をしておく必要があります。相続税法上、実子がいる場合、法定相続人として計算できる養子は1人まで、実子がいない場合には法定相続人にできる養子の数は2人までとなっていますが、配偶者の連れ子の場合には、何人でも養子にすることができます。

新旧両方の親から相続？

母親の連れ子として新しい父親ができた場合、母親が戸籍を入れただけでなく、子供が新しい父親と養子縁組をしていれば、連れ子にも新しい父親の相続をする権利ができます。

では、養子縁組した場合、実父が亡くなったら、その財産を相続することはできないのでしょうか。

この場合、子供は実父とは血のつながりがありますから、その遺産を相続することができます。つまり、養子縁組をしておけば（実の親との親子関係を断ち切る特別養子縁組の場合は別ですが）、実父の財産も、新しい父親の財産も相続することができるということです。これは、実母と新しい母親でも同じです。

親の見守りはリモートから！

少々話が横道に逸れました。

親とコミュニケーションを保ち、お金の話が出来る信頼関係を作っていくのに、手を付けやすく、ハードルが低いのはＩＴを利用することでしょう。

親が遠く離れて暮らしていて、会いたくてもなかなか会えないという方も多いことでしょう。

特に、コロナが蔓延する中では、いつものようにお盆やお正月に帰省するということも容易ではありませんでした。親が寂しい思いをしているというケースも多いと聞きます。

そんな時こそ、ＬＩＮＥやＳｋｙｐｅ、Ｚｏｏｍといったツールが力を発揮します。リモート環境をしっかりつくっておけば、親に自分や孫の元気な顔を見せてあげることができます。

親が施設に入っているという方もおられると思いますが、コロナ禍で、面会ができない施設も多くあります。そんな中で、遠く離れた家族とリモートで話ができれば、塞いだ気持ちも晴れることでしょう。

実は、私の母も施設にいて、コロナ禍のため、この2年間、なかなか思うように会うことができませんでした。

ですから、頻繁に電話で様子を聞いていましたが、医者の友人から、「電話よりも、顔を見て話したほうがリアルでボケ防止にもなる」と聞きました。そこで施設に頼んで母がいる部屋にリモート環境をつくってもらいました。

もちろん、100歳近い母にはパソコンの操作などできません。こちらからSkypeで呼び出し、母には、「音がなったら、この青いボタンを押してね」とだけ教えてあります。それで、大丈夫でした。

親にはスマホを！

また、親が高齢者で、ガラケー（ガラパゴス携帯）を使っているという方も多いでしょう。もしそうなら、スマホ（スマートフォン）に換えて、慣れておいてもらった方がいいでしょう。

というのも、ガラケーの主流になっている3G回線は、遠くない時期に終了します。KDDIは2022年3月末で使えなくなっていて、ソフトバンクは2024年1月下旬、ドコモは2026年3月末までで使えなくなります。

4G対応についてはまだ終了時期は決まっていませんが、いずれは使えなくなる可能性もあります。その前にスマホに乗り換えて、慣れておいてもらったほうがいいのです。

スマホなら、様々なアプリを入れられます。ラジオも聞ければ動画通話も楽です。歩数計にもなるし映画も見られ、高齢者の生活の幅もぐんと広がります。最初は親も戸惑うかもしれませんが、実は今、高齢者向けのスマホは豊富にあるのです。

スマホは画面が大きく、おかげで字も見やすく、時計なども見やすい。しかも、音声検索が進歩しているので、いちいち画面に文字を打ち込まなくてはならない煩わしさからも解放されます。使い方さえマスターすれば、高齢者の方にはむしろ便利ではと思います。

しかも、最近はシニアが使いやすいスマホが、各社から続々と出てきています。たとえば、ドコモの「らくらくスマートフォン」は、「らくらくホンセンター」を搭載しているので、使い方がわからなくなってもボタン1つで専門のアドバイザーにつながり、操作方法を聞くことができます。

ａｕでは高齢者向けの「ＢＡＳＩＯ４」なら、外出先で体調が悪くなったりして、咄嗟に他の人へ自分の情報を教えるときに便利な「救急あんしん情報」が電話帳に登録できます。

ソフトバンクでは、「シンプルスマホ」がシニア向け。画面上の一部を拡大表示できる拡大鏡の機能や不在着信や新着メールはボタンが点滅して知らせてくれるので、簡単に内容確認ができます。

最初の設定はしてあげて、使い方も丁寧に説明してあげ、あとは慣れれば、徐々に使いこなせるようになるでしょう。

実はシニア向きの「格安スマホ」

年金生活をしているシニアの方の中には、スマホに替えると月々の携帯電話料金が高くなるのではないかと不安に思っている人もいます。

スマホの料金は、ピンキリ。最近は、ドコモ、ａｕ、ソフトバンクといった大手でも、料金は安くなりつつありますが、それでもまだ割高感があります。

こうしたところと比べると、かなり安くなっているのが「格安スマホ」。「格安」と聞くと、年配の方は安かろう悪かろうと思いがちですが、そんなことはありません。

実は、「格安スマホ」というのは、シニア向きなのです。「格安スマホ」というのは、自前ではネットワークをもっておらず、大手の携帯電話会社のネットワークを借りているので安いのですが、そのために、スマホで映画を見ようとすれば、通信速度が遅くなる時間帯が出てくる可能性があります。

ただ、年配の方の場合には、大容量の使い方をしないケースが多いので、「格安」であることがあまりネックにはならない。

とはいえ、シニアの場合には、近くに店舗がないと不安という人も多いようです。格安スマホは、基本的にはネットでの契約になりますが、ビックカメラやイオンなど、店舗があるところを選ぶといいでしょう。ちなみに、イオンモバイルの場合、それほどネットを使わない人なら月々８００円前後からあります。

短縮ダイヤルの１番を自分にしておいて、いつでも親が電話をかけられるようにしておけば、イザという時でも、すぐに連絡してもらえますよ。

見守りサービスを使ってみる

日本の高齢者の割合は、２０２１年は29・１パーセント。高齢者がいる世帯のうち、一人暮らしをしている世帯は約３分の１を占めるのだそうです。

しかも、この割合は年々増えています。

自分は都会で職についていて、親は田舎で一人暮らし。近くに呼び寄せたいけれど、親にとっては長年住み慣れた家。知り合いもいないところに引っ越したくはないと言うし、自分の家も親を迎えられるほど広くない。

そんな事情で、心配ながらも親を一人暮らしさせている方は多いでしょう。

実はいま、一人暮らしのご老人を対象に、様々な見守りサービスが始まっていて、今後はさらに増えていきそうです。

電気ポットやテレビが見守り？

家電やガスの使用量、室内に設置した感知センサーで高齢者の日常を見守るサービスが充実してきています。

たとえば、象印マホービンの「みまもりほっとライン〝iポット〟」は、遠くに住んでいる子供に電気ポットの使用状況を、1日に2回メールで知らせてくれます。よくお茶を飲む親が、ポットを使わなかったら何か異変が起きたかもしれないということになります。月額費用は3300円。シャープでも、テレビの電源を入れた時や長時間電源が入らない時に家族に状況を伝えるサービスなどを開始しています。

東京ガスでも、親の家のドアに「開け閉め確認センサー」をつけてドアの開け閉めで親の生活を確認できる「くらし見守りサービス」を、月額980円でやっています。

電気の使い方から、日常生活を知るサービスをしているのは志幸技研工業の「ネットミル」。クラウドサーバーにアクセスすれば、親が普段と違った行動をしていないかがすぐにわかりますし、メール通知もしてくれます。

さらに、スマホがあればGPSの位置情報で外出した際の居場所がわかりますし、スマホの持ち主に何かあったら通知してくれる「見守りアプリ」も様々なものが出てきています。

イザというときの警備保障会社

親に何かあったときに、自分に代わって駆けつけてくれるサービスも、様々なところが始めています。

大手警備会社のＡＬＳＯＫ（アルソック）は、全国２４００の拠点から、体調不良などの緊急時には、最寄りのショッピングセンターやオフィスビルにいる警備員が、すぐに駆けつけてくれる「ＨＯＭＥ　ＡＬＳＯＫ　みまもりサポート」を展開中。

セコムも、玄関や窓の防犯センサーや台所に備え付けた火災センサーなどを活用して、24時間の見守りを行っています。また、首からかけるタイプの緊急ボタンで、異変が起きたらボタンを押すなどすれば警備員が駆けつけてくれます。

郵便局でも、月に１回、郵便局員が自宅を訪問してくれる見守りサービスを行っています。

また最近、自治体やボランティアで増えているのが「食事宅配サービス」で、地域によっては１食２００円台からお弁当を届けがてら、様子を見てもらえます。

「ふるさと納税」で「見守り」！

「ふるさと納税」でも、見守りサービスを提供する自治体が増えています。

たとえば、千葉県一宮町や袖ケ浦市では、1万円でヤクルトを週に1回4週間（28本）配達員が届けてくれて、様子を見てくれるサービスをしています。

兵庫県高砂市では、1万2000円で月2回、新鮮な野菜を届けながら様子を見てくれるサービスを行っています。

静岡県菊川市では、10万円の寄付で、ゴミ出し、安否確認、生活状況報告などを週に1回6ヶ月間やってくれます。3万円の6回コースもあります。

こうした見守りサービスは、今後益々増えてくることが予想されます。取捨選択し、有効に使いましょう。

免許返納を勧めてみましょう

前章で、高齢ドライバーのリスクについて触れました。

親が高齢になってきて、判断力が鈍ってきたと思ったら、思い切って「免許返納」も勧めたいところ。

ただ、「年をとったから、免許を返納しましょう」では、寂しいし、本人も納得しないかもしれません。前章で触れたような客観的なデータを使って説得するのもひとつの方法です。

しかし、ＩＴ環境が整ってきたら、免許返納を促すチャンスです。

ＩＴの力を借りれば、親自身の客観的なデータを示すことで免許返納に応じてくれるかもしれません。

保険を見直す

前章でも触れましたが、まずは自動車保険の補償対象に「監督義務者」が含まれているか確認しておきましょう。これが含まれていないと、いざ親が事故を起こしたというとき「認知症なので責任能力なし」とされてしまうと、保険会社でなく、子供が責任を負うことになりかねません。

また、保険を見直すならこんな保険はどうでしょう。現在、世界で主流になりつつある自動車保険は「テレマティクス保険」といいます。これは、保険会社と保険加入者を通信機器で繋ぎ、安全運転すると保険料が安くなる保険です。

日本でも各社が保険商品を発売していますが、こんなものもあります。三井住友海上の「GK見守るクルマの保険」は、ドライブレコーダーを貸し出すタイプで「安全運転支援アラート」により、急加速、急減速、ふらつき運転を複数回察知した場合などに、ドライバーにアラート通知して注意を促します。また、高速道路を逆走した場合、「逆走していませんか。進行方向を確認してください」と警告してくれます。

この保険では、「運転レポート」や「見守りサービス」があり、総合評価や実際に走行した場所で危険運転を察知した地点などが示されます。

レポートは、本人だけでなく、親と離れて暮らしている子供も入手できます。親の普段の運転状況を把握することができるので、その結果を親子で見ながら、「高齢者の事故も増えているから、そろそろ免許返納を考えようよ」と言えば、そうかなと思う親もいるでしょう。

免許返納のさまざまな特典

免許を返納して、今まで乗りなれていた車に乗れないというのは、ちょっと寂しい気がしますが、免許を返納した人には、銀行やホテル、デパート、スーパー、美容院などいろいろなところで特典も用意されています（特典の内容は、高齢運転者支援サイトに掲載されています）。

たとえば、東京都の場合、巣鴨信用金庫では免許を自主返納すると、１人５００万円までスーパー定期の金利を店頭より「０・05パーセント」高くしています。こうした金利優遇などのサービスは、東京では巣鴨信用金庫をはじめとした12の信用金庫で行っています。こうしたメリットを伝えてもいいでしょう。

それでも運転を続けるなら

高齢になっても、まだまだしっかりと運転できるし、田舎に住んでいるので車がなくては生活できないという方もおられるでしょう。

ただ、子供としては心配です。

それでも車に乗り続けたいというなら、親に、官民連携で開発している「サポカー」を勧めましょう。高齢者の事故防止のために、ペダルの踏み間違い時加速抑制装置などがついた安全運転をサポートする車で、搭載カメラで車線を検知し車線をはみ出して走ると警報が鳴ったり、前方の車や対向車を検知してライトが自動的に切り替わったりする機能が搭載されています。

第3章　親が元気なうちに相談しましょう

医療も薬もリモートに

新型コロナが蔓延する中で、高齢者の中には、体調が悪いのに通院のために外に出ることを恐れる人も多くいました。あなたの親はどうでしょう。

リモート環境を整えておくと、医療面でも役立つことは多いのです。パソコンやスマホを使って「オンライン診療」をする医療機関が増えているからです。

「オンライン診療」とは、医師と患者の間で情報通信機器を通して、患者の診察及び診断を行い、薬の処方などの医療行為をリアルタイムに行うものです。

患者にとってのメリットには、次のようなものがあります。

・病院に行く時間や病院で待たされる時間の負担が減る。

・24時間いつでも予約できる安心感がある。会社や外出先でも受診できる。
・院内感染や二次感染の心配がない。
・住む場所が変わっても、それまでと同じかかりつけの医師に診てもらえる。

医者のメリットには、次のようなものがあります。
・遠方でなかなか病院に来られない患者でも、定期的、継続的に診てあげられる。
・患者が家に居ると、病院よりリラックスできてコミュニケーションが取りやすい。
・医療事務の負担が軽減される。
・医者が、新型コロナなどの感染の不安にさらされない。

もちろん、すべての診療がオンラインで済むというわけではありません。入り口としてはオンラインで医師に診てもらうけれど、詳しい検査が必要なら、しかるべき検査機器を揃えた病院に行かなくてはなりません。

それに、まだどこの病院でもオンライン診療をやっているわけではありません。

まず、自分と家族の「かかりつけ医」が、オンライン診療に対応しているか問い合わせてみましょう。

もし、やっていない場合には、厚生労働省の「新型コロナウイルス感染症の感染拡大を踏まえたオンライン診療について　対応医療機関リスト」というサイトから、最寄りの医療機関をチェックしてみるという方法もあります。ここでは、1万件以上の医療機関を紹介しています。

予約してオンラインで診療してもらったら、病状によっては医療機関に直接来るように指示されることがありますので、近くの医療機関を選んでおくとよいでしょう。

始まった「オンライン服薬指導」

薬を処方してもらう場合には、薬剤師から直接対面で「服薬指導」を受けるのが基本です。

ただ、薬をもらう時に、病院で待たされるのは嫌だという方もおられるでしょう。新型コロナウイルスなどの感染症にかかるリスクもゼロではありません。

そこで、オンライン診療と連動して始まっているのが、「オンライン服薬指導」。服薬指導から薬のお届けまで、自宅に居ながらやってもらうことができます。

オンライン服薬指導の基本的な流れ

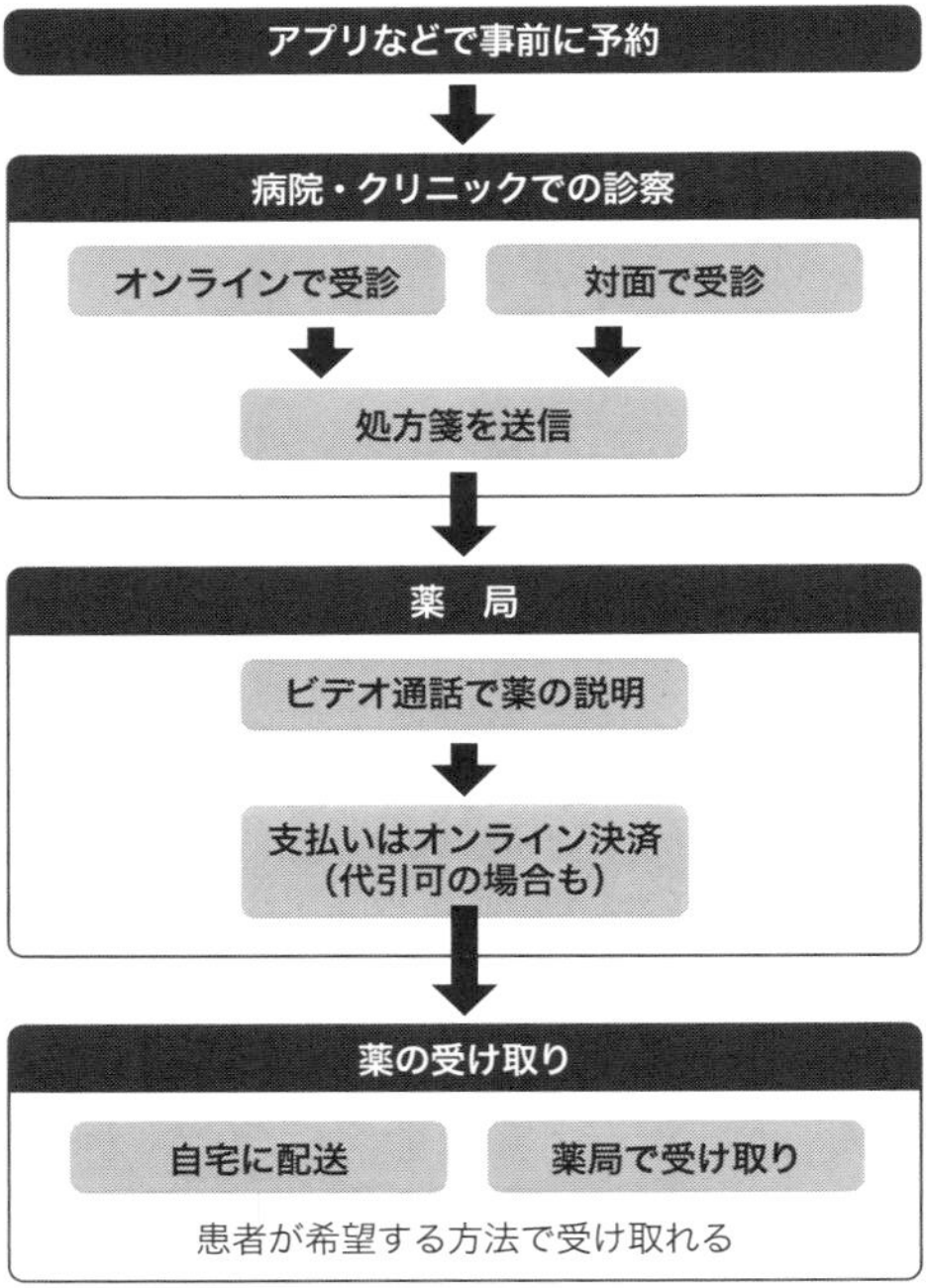

特例として２０２０年4月から、はじめての薬局でも薬剤師の判断でできるようになり、22年度からは、本格的に利用できる状況になりました。

オンライン服薬指導は薬局側にとっては、予約制のためスピーディーに患者に対応でき、決済も代引きをしているところもありますが、基本的にはクレジットカードなので代金未回収のリスクが減るというメリットがあります。

忙しい方にとっては、親の薬をもらいにいくのも一仕事。オンラインで入手できれば、手間も省けるでしょう。

親の「薬代」は、安くできます

ご両親が病院通いをしているなら、ぜひ「お薬手帳」を日頃から持っているように勧めましょう。

「お薬手帳」は、いつ、どこで、どんな薬を処方してもらったかを記録しておく手帳で、薬局で薬をもらうときにつくってもらえます。

複数の病院で診察してもらっている人は、もらう薬が重複することがあります。また、副作用が出た場合などは、「お薬手帳」でどんな薬をもらっていたかを調べれば、同じような薬の副作用が起きることを防げます。時々チェックしてあげるといいでしょう。

薬には、一緒に使用すると体調が悪くなるような、素人ではよくわからない組み合わせというものもあります。そうしたものも、「お薬手帳」で他にどんな薬を使っているのかがわかれば、事前に防止することができます。

薬を飲んでいて、具合が悪くなったというような場合には、その薬と良くない食べものなども発見できます。

病気は、いつも家で起きるとは限りません。

旅先で病気になることもあります。そんなときに、「お薬手帳」があれば、かかりつけのお医者様でなくても飲んでいる薬がわかり、適切に対処してもらえます。

「お薬手帳」で、薬が安くなる

「お薬手帳」の発行料金は、無料です。薬局では、薬を調剤してもらう際に、「薬剤服用歴管理指導料」という料金が発生しますが、この料金が、「お薬手帳」を持参すれば380円になることがあるのです。持参しないと500円となり、その差額は120円。

ちなみに、皆さんは、病院でもらう処方箋は、どこの薬局に持っていっても値段は同じだと思っていませんか?

実は、調剤薬局によって料金が違います。薬そのものの代金は定められたものなので同じですが、調剤技術料という薬局によって細かく定められた基準が違うのです。

イメージとしては、たくさん処方箋を受け付ける調剤薬局は量が多いので手間賃（調剤技術料）がそれほど高くなくてもやっていけますが、病院から遠く離れたところは客も少ないので手間賃も高くなっていることが多いようです。ですから、この手間賃だけ考えると、病院の敷地内にある薬局が一番安く、次が病院の前にある門前薬局、あるいは量をたくさん扱う大手薬局チェーン、そして町の薬局ということになります。

親の医療費はそんなにかからない

親が高齢になれば、体に様々な支障が出て、病院通いが増えるのも仕方のないこと。でも、医療費が心配になりませんか？

実は、高齢者の医療費は、現役世代よりもかなり負担が少なくなっています。そこでまず、「公的医療保険」の基本的な自己負担割合から見てみましょう。

健康保険や国民健康保険に加入している人の自己負担割合は１割から３割。70歳未満だと、小学校に入る前の小児を除いて３割負担となっています。70歳から74歳までは、一般的には２割負担ですが、収入が高い人は３割負担。75歳以上は１割負担。高収入な人については３割負担ですが、表で負担割合が点線で囲まれているのは、２０２２年10月から、単身世帯年収で２００万円以上（複数世帯は３２０万円

以上）の人は2割負担になるという新しい制度が導入される予定の部分です。

これを見ると、3割負担の人が多く、3割負担だと、100万円の治療を受けたら30万円を自己負担しなくてはならないのかと思いますが、実際には、そんなに多く負担しなくてもいいようになっています。

なぜなら、「高額療養費制度」という、負担をより少なくする制度があるからです。

この「高額療養費制度」について、具体的に見ていきましょう。

治療費が100万円かかったら？

「高額療養費制度」とは、かかった医療費が一定額を超えたら、超えたぶんを払い戻してくれる制度で、年収約370万～約770万円の人なら3割負担で30万円だったとしても、実際の負担額は9万円弱（8万7430円）ですみます。いったん30万円支払っても、請求すれば、約21万円を戻してもらえるのです。

また、あらかじめ手続きをしておけば、請求しなくても窓口で約9万円支払えばいい病院も増えています。

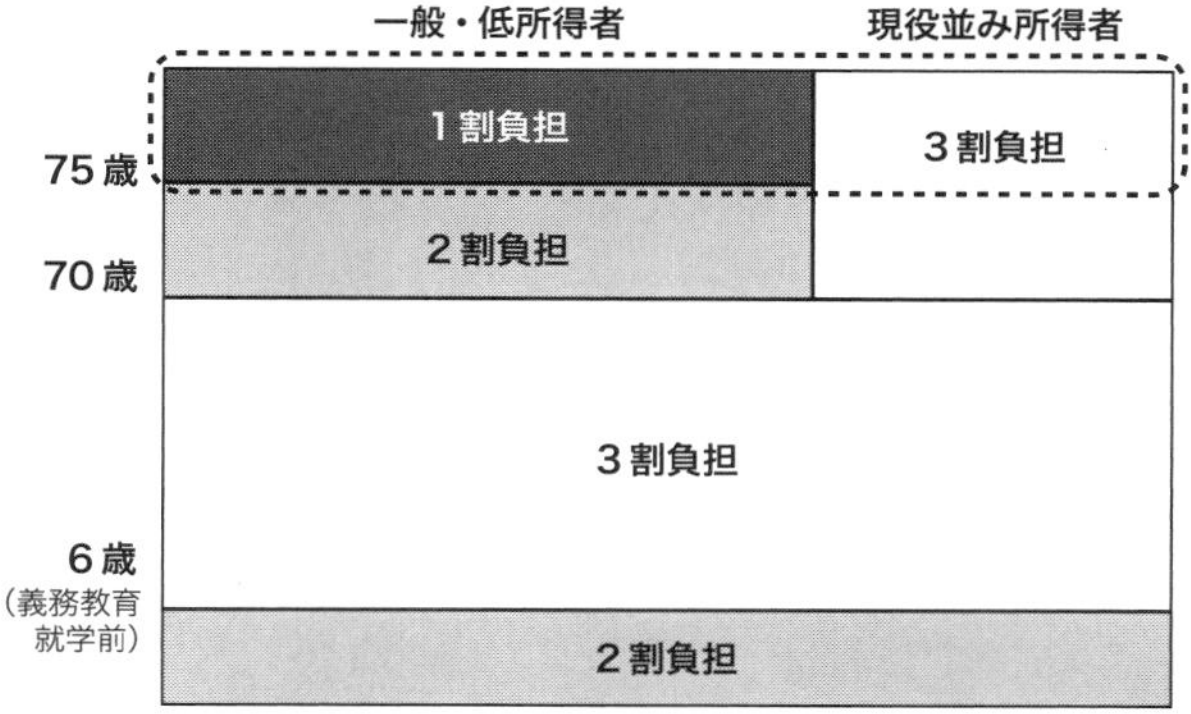
一般・低所得者
現役並み所得者
1割負担
3割負担
75歳
2割負担
70歳
3割負担
6歳
（義務教育就学前）
2割負担

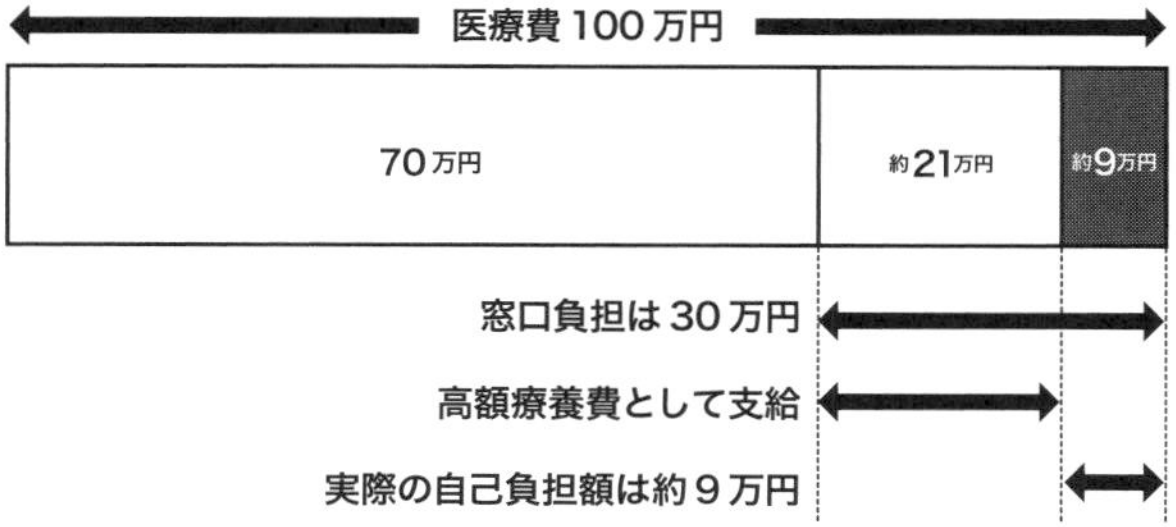
医療費100万円
70万円
約21万円
約9万円
窓口負担は30万円
高額療養費として支給
実際の自己負担額は約9万円

出典：厚生労働省

「高額療養費制度」の上限は、収入や年齢に応じても変わってきます。

次ページの表のように、70歳未満と70歳以上で、収入別に上限が変わります。

たとえば、70歳未満は3割負担ですが、入院して100万円の治療も年収が300万円くらいの人なら負担の上限は5万7600円になります。これは、かかった医療費が100万円であっても500万円であっても、自己負担定額で5万7600円ということです。さらに、住民税非課税の人なら、3万5400円です。

70歳以上になると、現役並みの収入がある3割負担の人は「高額療養費」の負担も現役並みになっていますが、一般的な年金生活の方（年収156万〜約370万円）だと、月に5万7600円以上は支払わなくてもよくなっています。

表の中で〈多数回該当〉とあるのは、4ヶ月目からの金額。つまり、長期入院すると、「高額療養費」の上限は下がるということです。たとえば、普通のサラリーマンが月100万円かかる入院を続けていると、1〜3ヶ月までは毎月約9万円（8万7430円）ですが、4ヶ月目からは上限が4万4400円に下がるということです。

患者負担割合と高額療養費の自己負担限度額

（2018年８月〜）

<table>
<tr><th>70歳未満</th><th>負担割合</th><th>上限額（月・世帯ごと）</th></tr>
<tr><td>年収約1160万円〜
健保：標準報酬月額 83万円以上
国保：旧ただし書き所得（※） 901万円超</td><td rowspan="5">3割</td><td>252,600円＋
（医療費－842,000）×1％
［多数回該当：140,100円］</td></tr>
<tr><td>年収約770万〜約1160万円
健保：標準報酬月額 53万〜79万円
国保：旧ただし書き所得600万〜901万円</td><td>167,400円＋
（医療費－558,000）×1％
［多数回該当：93,000円］</td></tr>
<tr><td>年収約370万〜約770万円
健保：標準報酬月額 28万〜 50万円
国保：旧ただし書き所得210万〜600万円</td><td>80,100円＋
（医療費－267,000）×1％
［多数回該当：44,400円］</td></tr>
<tr><td>〜年収約370万円
健保：標準報酬月額 26万円以下
国保：旧ただし書き所得 210万円以下</td><td>57,600円
［多数回該当：44,400円］</td></tr>
<tr><td>住民税非課税</td><td>35,400円
［多数回該当：24,600円］</td></tr>
</table>

<table>
<tr><th>70歳以上</th><th>負担割合</th><th>外来（個人ごと）</th><th>上限額（月・世帯ごと）</th></tr>
<tr><td>年収約1160万円〜
標準報酬月額 83万円以上
課税所得 690万円以上</td><td rowspan="3">3割</td><td colspan="2">252,600円＋
（医療費－842,000）×1％
［多数回該当：140,100円］</td></tr>
<tr><td>年収約770万〜約 1160万円
標準報酬月額 53万円以上
課税所得 380万円以上</td><td colspan="2">167,400円＋
（医療費－558,000）×1％
［多数回該当：93,000円］</td></tr>
<tr><td>年収約370万〜約 770万円
標準報酬月額 28万円以上
課税所得 145万円以上</td><td colspan="2">80,100円＋
（医療費－267,000）×1％
［多数回該当：44,400円］</td></tr>
<tr><td>年収156万〜約370万円
標準報酬月額 26万円以下
課税所得 145万円未満</td><td>70〜74歳
2割</td><td>18,000円
年144,000円</td><td>57,600円
［多数回該当：
44,400円］</td></tr>
<tr><td>住民税非課税</td><td rowspan="2">75歳以上
1割</td><td rowspan="2">8,000円</td><td>24,600円</td></tr>
<tr><td>住民税非課税（所得が一定以下）</td><td>15,000円</td></tr>
</table>

※「旧ただし書き所得」とは、総所得金額から住民税基礎控除を引いた所得のこと

出典：厚生労働省

ですから、100万円の治療を半年間つづけて医療費が600万円かかったとしても、本人の負担は約40万円（39万5490円）で済むということです。

さらに、複数の家族が入院したとしても、同じ保険なら「家族合算」できるので、みんなの医療費負担額を足し合わせた後に「高額療養費制度」を適用できます。

たとえば75歳以上で2人とも後期高齢者のご夫婦がいて年収が300万円くらいだったとします。1人100万円の入院治療を受けたとしても自己負担額は月に5万7600円ですみますし、それぞれが入院して100万円の治療を受け、2人で合計で200万円の治療を受けたとしても、自己負担額は5万7600円でいいということです。

意外と切実な「お墓」のこと

親が元気なうちに聞いておきたいことのひとつに、お墓のことがあります。

親が上京して、お墓は遠く離れた田舎にあるという方は意外と多いようです。ところが親の代では、田舎に親戚や顔見知りも多いですが、子供の代になると、どんな親戚がいるのかわからないというケースはままあること。

そうなると困るのは、「お墓」です。田舎に、先祖代々のお墓があっても、あまりに遠ければお墓参りをするのも難しい。中には、みんな都会に出て来てしまっていて、お墓を守る人がいなくなってしまったというようなことも起きています。

墓がある人は、墓地管理料を支払いますが、これを何年も滞納すると「無縁墓」ということで、最悪の場合にはお墓そのものが撤去されてしまう可能性があります。

2018年2月に中日新聞が行ったアンケートでは、公営墓地を持つ全国の政令指定都市と県庁所在地など計73の自治体のうち、「無縁墓」を抱えている自治体は約7割にのぼるとのこと。全国には、放置されたままのお墓が多いということです。

これをどうすればよいのか、親が法事や墓参りに行った折などに聞いておいた方がよいのです。墓地管理料を自分で支払うことにするのか、あるいは「墓じまい」をするのか、考えておくのです。

どうやって「墓じまい」する？

墓があまりに遠いというのでは、親にもしものことがあった時に困りますし、自分たちも死後に家族を戸惑わせることになります。

そういう人は、早い段階で「墓じまい」、つまり、お墓の「改葬」をしておいたほうがいいでしょう。

「墓じまい」をするには、墓地埋葬法に基づいて行政手続きをしなくてはなりません。遺骨の移転先の受け入れ証明書と、墓の改葬許可申請書、埋葬証明書を、現在の墓を管轄している自治体に提出し、改葬許可を得ます。墓石の撤去や整地は、一般的に1平方メートル10万円程度からといわれています。

お墓を移す先が決まったら、古い墓の魂を抜く供養をしてお布施を払います。墓が菩提《ぼだい》寺にある場合は、檀家を離れるための「離檀料」が必要となります。離檀料の相場は3～10万円程度。新しく移った先にも、納骨料などを支払います。

「墓じまい」は、やったことがない人がほとんどなので、手続きで戸惑うことも多くあります。自分でやるのが大変なら、20万円から40万円で一律料金で代行してくれる業者もいます。ネットなどで、実績のある業者を選ぶといいでしょう。

永代供養の実際

最近は、「永代供養」といって、様々な理由でお墓参りにいけない遺族に代わって、霊園や寺院が遺骨を管理して供養してくれるという埋葬方法もあります。

「永代供養」では、「永代供養墓」の中の区画をそれぞれの家が利用したり、他の遺骨と一緒に埋葬したり、一定期間安置してから他の遺骨と一緒に埋葬する方法があります。

「永代供養墓」は、契約時に費用を支払えば、その後はお金がかかりません。

改葬数の推移

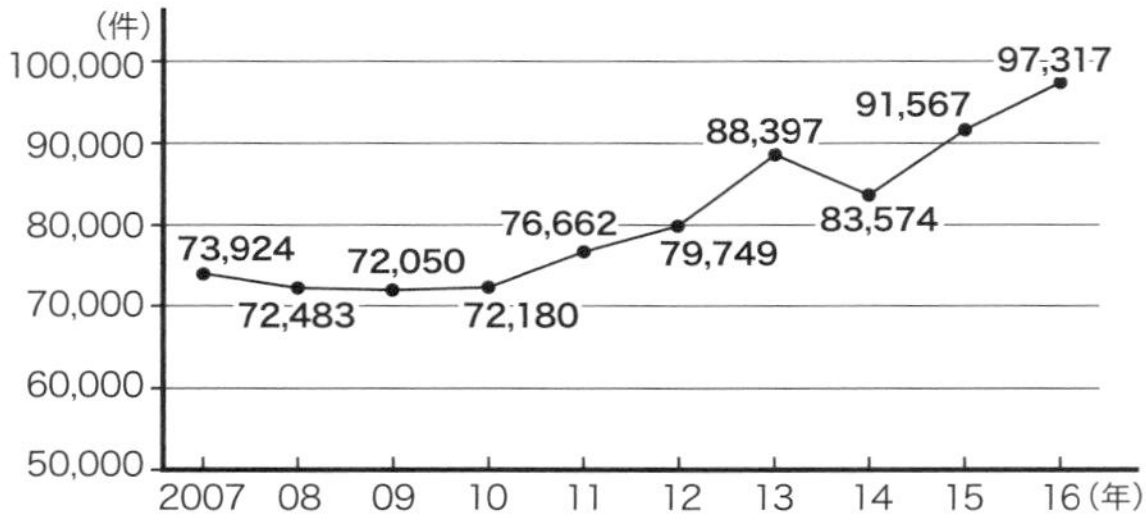

出典：厚生労働省「衛生行政報告例」より

自分の死後に子供達に個別のお墓まいりをしてほしいというなら、「永代供養料」に「墓石料」を支払って、個別のお墓に本骨（のど仏）を納骨し、他の骨は共同の納骨堂に納めてもらうといった方法もあります。

「千の風になって」の歌のように、遺骨の灰を海や空に撒いてほしいという人も増えています。

刑法第190条では、「死体、遺骨、遺髪又は棺に納めてある物を損壊し、遺棄し、又は領得した者は、3年以下の懲役に処する」とありますが、法務省は「葬送のための祭祀で節度を持って行われる限り、問題はない」という見解を示しています。

葬式には、誰を呼ぶのか

お墓も大事ですが、お葬式も大事です。

親も、かなり高齢になると、そうしたことが気になるようです。

私の父は、生前に、自分の葬式に呼ぶ人の一覧表をつくり、葬儀委員長まで自分で指名してから逝きました。

「遺影」も生前に自分で一番気に入ったものを選び、95歳で旅立ちました。

私の父のように、自分の葬式を自分の思いどおりにやって、多くの人に惜しまれながら人生の最後を綺麗に締めくくって逝きたいという人は、他にもいらっしゃるのではないかと思います。

聞くときはそれとなく

「どんな葬式にしたい」などと、いきなりこうした話を切り出すのもおかしいので、本人に聞くのははばかられると思うかもしれません。

ただ、親が葬式のことを口にしたら、せめて誰を呼びたいのかくらいは、聞いておいたほうがいいでしょう。

親戚の方の葬儀や、両親が親しかった方の葬儀にいっしょに出かけた折にでも、それとなく聞いてみるといいかもしれません。

また、お盆などに家に帰り、先祖の墓参りをした時にでも、それとなく「葬式って、みんな、どこまで人を呼んでいるのかな」などと、親と話してみるのもいいのではないでしょうか。

葬式については、どこまで人を呼ばなくてはいけないといった決まりはありません。最近は、内輪だけでひっそりと葬儀を済ますというケースも少なくありません。

ですが、親、子、孫、兄弟姉妹など、二親等内の血縁親族については、声をかけておいたほうが、あとでいろいろと言われることを避けられます。

葬式は、故人のために行うものと思いがちですが、実際には、残された遺族のために行うという側面も少なくありません。

残された遺族の悲しみを和らげ、故人とのお別れをして手を合わせ、成仏を心から祈る。最後に火葬場で、遺骨となった故人を骨壺に納めることで、心の整理ができるという人も多いのではないでしょうか。

また、葬式は、故人が生前に付き合っていた仕事仲間や友人、知人などに、他界したことを広く知らせる儀式でもあります。ですから、最後にお別れを言いたい人を呼ぶべきで、故人のリストになくても、来たいという人はすべて来ていただくのがいいでしょう。

家族だけでひっそりと済ませる時も、故人と親しかった人には、電話でいいので連絡だけはしましょう。訃報の連絡は、基本的には葬式が終わってからで大丈夫です。

その際、家族葬だったので呼べなかったこと、故人が生前にとても良くしてもらって感謝していたこと、折を見て線香をあげに来てほしいということも伝えましょう。

手紙で事後報告する場合には、「拝啓」などの言葉や時候の挨拶などは使わず、「益々」や「次々」といった重ね言葉は、不幸を繰り返す、不幸を重ねると言われるので避けましょう。また、「苦しむ」「浮かばれぬ」などの忌み言葉も避けましょう。

「生前葬」のやり方

最近は、生きているうちに葬式を済ませる「生前葬」も行われるようになりました。通常の葬式には、前述のように遺族の気持ちの整理という側面がありますが、「生前葬」は、すべてを自分で決めることができ、葬式の作法や段取り、しきたりにもしばられることがありません。

私もちょっと出演させていただいた映画「老後の資金がありません！」では、主人公の義理の母を演じた草笛光子さんが、楽しい「生前葬」をしました。生前葬のお金は、葬儀を企画する本人が出すので、家族の経済的な負担は減ります。

生前葬をする人には、医者からガンなどの余命宣告を受けたケースも少なくありません。生命保険には、余命6ヶ月を宣告されると、その時点で保険金が出る「リビングニーズ特約」がついているものも多くあります。

「リビングニーズ特約」は、死にゆく人が生きているうちに豊かな暮らしを送るための特約ですから、こうしたものを活用してもいいでしょう。

第4章　親の介護は心配しない

親の介護で、かかるお金

そろそろ親の介護が見えてきた、いよいよ介護しなければ、となると、これから必要になるであろう親の「介護費用」が心配という人は多いことでしょう。

「生命保険に関する全国実態調査」（生命保険文化センター２０２１年度・速報版）が、世帯主または配偶者が要介護になったら介護費用はどれくらいかかると思うかというアンケートを行ったところ、平均で３３１１万円。１人約３０００万円と考えても、２人なら約６０００万円。

しかも、なんと１人５０００万円以上必要と答えた人が、約１割いました。２人なら１億円以上です。

「そんなお金、とても用意できないよ」という悲鳴が聞こえてきそうです。

けれど、心配しなくても大丈夫。

同じアンケートの中で、すでに介護を経験した人たちにどれくらいの費用がかかったのかを聞いています。これを計算してみると平均581万円。内訳は、一時的にかかった費用が平均で74万円、月々が平均8万3000円、介護期間は平均で61・1ヶ月でした。

では、なぜこれほど予想と現実の間に差があるのでしょう。たぶん介護をしたことがない人は、「介護保険」のことをよく知らないからでしょう。

負担の割合は？

「介護保険」は、40歳以上になると全員加入する社会保険で、65歳以上になって介護が必要になると、割安にサービスを受けられる制度です。40歳以上でも、介護保険対象の病気（認知症など特定疾病）で「認定」を受けた場合には、対象となります。

「介護認定」されると、要支援1～2、要介護1～5と7段階でサービスを受けることができます。

たとえば、在宅サービスで利用できる上限額は、表のように決まっています。

段階	支給限度基準額（1ヶ月あたり）
要支援1	50,320円
要支援2	105,310円
要介護1	167,650円
要介護2	197,050円
要介護3	270,480円
要介護4	309,380円
要介護5	362,170円

※2021年4月時点。支給限度基準額は地域によっても変動します。

在宅での介護は大変なので、ホームヘルパーの利用や入浴などの「訪問サービス」、デイケア施設などを利用する「通所サービス」、施設に短期間預ける「短期入所サービス」などを組み合わせて行いますが、利用上限額は状況によって変わります。

要支援とは、現時点では介護は必要ではないけれど一部支援が必要な状況。要介護は、介護が必要な状況で、要介護1は食事やトイレは自分で出来ても、認知能力や運動能力の低下が見られる状態、要介護5とは意思疎通も困難な寝たきりの状態です。

各段階で、サービスに対して1割、2割、3割の自己負担があります。収入が多い人ほど、自己負担額は多くなっています。

たとえば、要介護3で27万円のサービスを受けた場合、

1割負担の人は2万7000円、2割負担の人は5万4000円、3割負担の人は8万1000円を自己負担することになります。

ただし、負担があまり大きくなると大変なので、2割負担、3割負担になったからといって、前述のように5万4000円、8万1000円に増えるのかというと、そうではありません。

3000万円もかからない!

介護で必要な自己負担額は、「高額介護サービス費制度」で安くなります。

「介護保険」には、自己負担額があまり大きくならないように、一定額を超えたらそれ以上は請求すれば払い戻しを受けられる制度があり、これが「高額介護サービス費制度」。

この制度を使うと、年収約770万円（課税所得380万円）未満なら、世帯で月4万4400円を超える分はかからないようになっています。これなら、安心でしょう。

ただし、2021年の8月に年収約770万円以上と1160万円以上の人には新しい上限ができ、たくさん稼いでいる人の上限は引き上げられました。

収入による自己負担額の上限（2021年8月以降）

	区分	負担の上限額（月額）
新設	課税所得690万円（年収約1,160万円）以上	140,100円（世帯）
新設	課税所得380万円（年収約770万円）～課税所得690万円（年収約1,160万円）未満	93,000円（世帯）
	市町村民税課税～課税所得380万円（年収約770万円）未満	44,400円（世帯）
	世帯の全員が市町村民税非課税	24,600円（世帯）
	前年の公的年金等収入金額＋その他の合計所得金額の合計が80万円以下の方等	24,600円（世帯） 15,000円（個人）
	生活保護を受給している方等	15,000円（世帯）

出典：厚生労働省

けれど、たくさん稼いでいるので、負担できないことはないでしょう。

こうした制度を駆使すれば、介護費用は、知らない人が想像するほどにはお金がかかりません。冒頭のように3000万円かかるのではないかと思う人が多いけれど、実際に介護を経験した人がかかった費用は1人約600万円とのこと。

これは、あくまでも平均値なので、長く寝込んでしまったらもっとかかるでしょうが、今のご老人は、現金だけでなく持ち家や田畑などの資産を持っている方が多い。最終的には、それらの処分を検討することも親と相談しておいてはどうでしょうか。

介護で会社を休むなら

親を介護するために、年間10万人ほどが会社を辞めています。なんともったいないこと、と思います。会社は一度辞めると、復帰するのは難しいもの。なるべく仕事を続けながら、介護も両立できるようにしていけないでしょうか。

そうなった時に覚えておくといいのは、介護で使える休暇。「介護休暇」「介護休業」「有給休暇」の3つがあります。

「介護休暇」は労使協定が結ばれている会社なら原則、入社して6ヶ月以上、1週間に5日働いていれば、だれでも取れます。

対象家族が1人なら、最大年5日。2人以上なら最大10日まで取得できます。

介護の範囲は、両親、祖父母、兄弟姉妹、子、孫、配偶者、配偶者の両親で、家族が要介護状態になった時に取ることができます。

1時間単位でとれるので、介護の専門家であるケア・マネージャーとの打ち合わせで出社時間を1時間遅らせるといった場合に使うといいでしょう。1日8時間勤務の方なら、8時間×5日で、1時間単位だと年間40回取れることになります。

ただし、仕事の最中に1時間だけ中抜けして取るということは、会社がオーケーしていない限り、基本的にはできません。また、「介護休暇」中は無給。会社によっては、有給にしてくれているところもあるようなので、詳しくは会社に聞いてください。

給料をもらいながら休める

「介護休業」は、2週間以上常時介護を必要とする状態にある家族がいる人が対象で、介護対象の家族1人につき3回まで、通算で93日まで休むことができます。

通算で93日ですから、親に異変が起きたのでまず1ヶ月のまとまった休暇を取る。その後は兄弟で順番に介護する。いよいよ大変な状況になりそうになったら、介護施設をいろいろと見学するのに1ヶ月の休暇を取る。さらに入所した後に大丈夫か見に行くために休みを取る。そういう使い方もできます。

年次有給休暇の付与日数

（網掛け）年５日以上の年休取得義務化の対象労働

週30時間以上または週５日以上の場合（正社員など）

勤続年数	６ヶ月	１年６ヶ月	２年６ヶ月	３年６ヶ月	４年６ヶ月	５年６ヶ月	６年６ヶ月以上
付与日数	10日	11日	12日	14日	16日	18日	20日

週30時間未満で、週１〜４日の場合

※所定労働日数

※労働日数 ＼ 勤続年数	６ヶ月	１年６ヶ月	２年６ヶ月	３年６ヶ月	４年６ヶ月	５年６ヶ月	６年６ヶ月以上
週４日（年169日〜216日）	7日	8日	9日	10日	12日	13日	15日
週３日（年121日〜168日）	5日	6日	6日	8日	9日	10日	11日
週２日（年73日〜120日）	3日	4日	4日	5日	6日	6日	7日
週１日（年48日〜72日）	1日	2日	2日	2日	3日	3日	3日

出典：厚生労働省

「介護休暇」との最も大きな違いは、休んでいる間も「介護休業給付金」というお金が出ること。支給される金額は、原則としては休業開始時の賃金日額の約67パーセント。

たとえば、給料が月に30万円なら、約20万１０００円の給付が約３ヶ月受けられるということです。

「有給休暇」はきっちり取る

「有給休暇」も、介護施設探しなどに利用できます。

「有給休暇」は、これまで働く

人の「権利」でしたが、２０１９年４月から、雇い主の罰則付きの「義務」となりました。「有給休暇」を年間10日以上取る「権利」がある人に、年間５日以上の休みを取らせないと、雇う側は、働く人１人につき30万円以下の罰金を支払わなくてはならなくなっています。

労働基準法第39条で認められている休暇で、正社員だけでなく、週に１日しか働かないパートでも、表のように休みが取れます。すでに５年半以上、週３日は働いているパートなら、年間５日以上の休みをとらせないと、正社員と同様に雇用者には罰金が科せられます。

良い介護施設を探しましょう

いきなり「親の介護」に直面すると、なにしろ初めてのことなのでどうすれば良いのかまったくわからずに戸惑ってしまうという人は、多いことでしょう。けれど、心配ありません。介護に直面したら、まず確保したいのは、知識が豊富な介護の水先案内人。それが、ケア・マネージャー（以下、ケア・マネ）です。

介護は、家族だけで対処するのは難しいものです。自治体で介護認定を受けたら、ケア・マネに相談します。ケア・マネは、介護を必要とする方の相談を受け、介護サービスの計画書（ケア・プラン）を作成し、利用するデイサービス事業者などとの連絡や調整をする介護の専門家です。

親に合ったいい介護を受けるためには、いいケア・マネを選ぶことが大切です。役所でも紹介してもらえますが、自分で気に入った人に頼むことができます。
では、ケア・マネを上手に選ぶには、どうすればいいのでしょうか。

ケア・マネ選び、7つのポイント

①インターネットで情報収集

厚生労働省が運営する「介護事業所・生活関連情報検索」には事業所のリストがあり、事業所で聞くと、ケア・マネのこともわかります。経験豊富な方と、若いやる気のある方のどちらがいいかは一概には言えませんが、参考にしてください。

②クチコミ情報を集める

かかりつけの病院の医師や看護師、ソーシャルワーカー、あるいはデイサービスを利用中のご近所や、ヘルパーとして働く知人などに、実際に評判のいいケア・マネを聞いてみましょう。

③担当利用者数が多過ぎないケア・マネを選ぶ

ひとりのケア・マネが、40～50人の利用者を担当していることもあります。担当数があまりにも多いとそれぞれの利用者に関わる時間は、少なくなります。担当人数はケア・マネに聞けば教えてくれます。

④専門知識の豊富なケア・マネを選ぶ

介護保険について詳しいのは当然ですが、病状の進行や、介護保険以外で生活支援などを行うボランティア団体についても、詳しいかどうか質問してみましょう。

⑤さまざま事業所を紹介してくれるケア・マネを選ぶ

多くのケア・マネはデイサービスの事業所などの介護施設に所属していますが、自分の所属先を紹介するのがケア・マネの仕事ではありません。利用者から出された条件を吟味し、希望に沿ってさまざまな選択肢を提供してくれる知識と経験が豊富な方を選びましょう。利用者に合わせて介護事業者を選んでくれるケア・マネなら、その経験からたくさんの施設を知っているはずです。

⑥気持ちに寄り添ってくれるケア・マネを選ぶ

いいケア・マネほど利用者を多く抱え、多忙です。それでも、丁寧に家族の話を聞いてくれる方を選びましょう。人柄も大切です。

⑦利用開始後も変更可能

あとから問題が見つかりケア・マネを変えたい場合は、自治体の窓口に相談してください。いつでも変更できます。

施設の実情を知るとっておきの方法

自分でも、「介護休業」などを利用して多くの施設を見学しましょう。見学する際には、ピンからキリまで見るのではなく、出せる費用の範囲内で最も適切だと思えるところを見たほうが、ひとつの施設に時間をかけてじっくり見られます。

ただ、「介護施設」というのは、外から見ただけではわからないところもあります。もし可能なら、パートで介護施設で働いてみて、中の職員と仲良くなっておくのもひとつの手です。

働く側に立てば、経営者の方針もよくわかるし、「見た目と中身」が違うというケースもしっかり見抜くことができます。

また、介護の現場で働いている人は、自分の働いている施設だけでなく、他の施設の情報もかなり持っています。ですから、外から見てもわからないそれぞれの介護施設についての情報も教えてくれるかもしれません。

親の介護費用で確定申告

サラリーマン家庭で、「医療費控除」で払いすぎた医療費を返してもらっているケースは多いのではないでしょうか。

「医療費控除」とは、年間の医療費が10万円を超えたら（総所得金額が200万円未満ならその5パーセント）、申請すれば払いすぎの税金を戻してもらえる制度。サラリーマンの場合、「医療費控除」は年末調整では対象とならないので、翌年に自分で申告して払いすぎの税金を返してもらうことになります。

実は、あまり知られていませんが、親の介護費用でも、医療費控除の対象となるものがたくさんあります。

たとえば、特別養護老人ホームや介護老人保健施設などに入居している方の利用料など。また、在宅での介護サービスには、看護やリハビリテーションなどの「医療系サービス」と介護や生活援助などの「福祉系サービス」がありますが、控除の対象となるのはおもに「医療系サービス」です。医療系サービスと併せて福祉系サービスを受ける方は、控除対象になる場合もあります。

控除対象や控除になる割合などは複雑ですが、領収書には控除の対象が書かれていますし、わからなかったら税務署に聞いても親切に教えてくれます。

また、赤ちゃんのオムツ代は医療費控除の対象にはなりませんが、高齢者のおむつ代は、半年以上寝たきりで医師が発行する「おむつ使用証明書」があれば対象です。親の薬代も、医療費控除の対象となります。

税金が還ってくる

離れて住んでいる両親でも、仕送りなどしている場合には生計をひとつにしている家族ですから、家族の医療費と合算して申請すると、そのぶん税金が多く還ってきます。

医療費控除は、みんなの分をまとめて、所得税率が一番高い人が確定申告すると、還ってくる割合は最も高くなります。

「医療費控除」の対象になるもの

① 訪問介護
② 訪問入浴介護
③ 訪問看護
④ 訪問リハビリテーション
⑤ 居宅療養管理指導【医師等による管理・指導】
⑥ 通所介護【デイサービス】
⑦ 通所リハビリテーション【医療機関でのデイサービス】
⑧ 短期入所生活介護【ショートステイ】
⑨ 短期入所療養介護【ショートステイ】

※①②⑥⑧は医療系サービスとあわせて利用した場合のみ
（国税庁 HP より）

介護費については、1ヶ月に支払う費用の上限が決まっていて、これを超えたら、超えたぶんは請求すれば還してもらえる「高額介護サービス費」という制度があります。また、介護費用だけでなく医療費もたくさんかかった時には介護費用と医療費の自己負担分を合算して一定限度額を超えると、超えたぶんを申請すれば、還してもらえる「高額介護合算療養費制度」があります。

介護は、平均で5年と言われています。保険でまかなえる部分は医療費控除の対象になりませんが、自己負担もかなりあるケースが多いので、家族を介護しているなら、還してもらえる税金はしっかり還してもらいましょう。

第5章　親のお金を知りましょう

「エンディングノート」の効用

ここまで読んできて、いかがでしょうか。

日本人はあまりお金の話をしたがりません。親しくなればなるほどその傾向は強くなるようで、親となればなおさらかもしれません。

ですが、高齢になればなるほど、医療費はかさんでいくものですし、体が不自由になっていくほど、誰かの助けは必要になるもの。

親も子も、互いに話す時間が増え、理解も深まれば、親にしてあげたいこと、子や孫にしてあげたいこともはっきりとしてくるでしょう。

今、高齢者に人気と言われているものに「エンディングノート」があります。万が一に備えて、家族や友人に伝えておきたいことを書き留めておくものです。

銀行口座や所有する不動産など、現在ある財産を書き込む欄があるものもあり、すんなり書いて見せてくれれば、子供としては助かるのですが、そこは親子関係次第。下手に「人生の終わり」というイメージを与えたり、「人生の後始末的なもの」として捉えられてしまうと、親も「財産を狙っているのか」と思ってしまうかもしれません。人間、歳を経るごとに頑固になり、認知症気味になると猜疑心も大きくなりがちです。

そうしたことへの配慮は必要ですが、これから介護が必要になってくるかもしれませんし、親に身辺整理もしておいてもらいたい。元気なうちに親の意思を示しておいてもらうには、遺言状よりはハードルも低く、貴重なツールと言えます。

様々な「エンディングノート」

草分け的な存在の「ナルク エンディングノート」は、ボランティア団体NALC（特定非営利活動法人ニッポン・アクティブライフ・クラブ）が出しているもので、ナルクには「時間預託制度」というものがあります。会員の中で困っている人を助けてポイントを貯めておくと、自分が困った時にそのポイントが使えるというもの。

もし、ボランティアでもしたいと思っている親なら、「世の中には、こんな制度もあるんだよ」といってこのエンディングノートを渡すといいかもしれません。

「親子でつくるエンディングノート」（ＳＢクリエイティブ）というものもあります。これは、子供が親の話を聞いて書き込んでいくエンディングノートで、誕生日などに「大切なお父さんやお母さんが生きてきた歴史を、もっと知りたい。元気なうちにこのノートに書き留めておきたい」と言えば、すんなりと賛同してもらえるかもしれません。

あるいは、「孫たちの役にも立つから、まず家系図をつくろう」という辺りから入っていけば、親も乗り気になってくれるかもしれません。

こうしたエンディングノートなら、作成過程で、いろいろな思い出話が浮かんできて、それをしっかりとノートに書き留めておくことで、子や孫に親の思いを伝えられます。自分の人生を聞かれるということは、親にとってもうれしいことではないでしょうか。

これまでの人生をまとめる、「自分史」タイプの「エンディングノート」もあります。

年配の方の中には、本当に苦労して今日に至っている方も少なくなく、改めて自分の歩んできた道を振り返り、記録として残しておこうという方もおられます。

立派な本を自費出版するほどのお金はないけれど、せめて家族に自分が歩んできた人生がどんなものだったのか知ってほしいという高齢者は多いようです。そうした人に、「子供や孫も、おじいちゃんのことをいつまでも心に残しておきたいから」と「自分史」が書き込める「エンディングノート」を贈ると、けっこう喜ばれます。

この先の人生を考えるエンディングノート

未来の人生設計を考えるエンディングノートもあります。

自分の思い出をたどることは、今までの人生を振り返ると同時に、これからの人生を有意義に生きていくことを、立ち止まって考えてみる機会にもなります。

会社を定年退職した時などに、「人生１００年時代。まだまだ長生きしてほしいから、この先、どうやって生きていきたいのか、もしもの時にはどうしてほしいのかを書いておいてね」と言えば、前向きな気持ちになれるかもしれません。

「エンディングノート」というと、終末という後ろ向きなイメージになりがちですが、これまでを振り返り、未来に進んでいくものだということがわかれば、ご両親も書くことに前向きに取り組めるのではないでしょうか。

相続について考えてもらいましょう

エンディングノートを持ち出すまでもなく、親と相続の話をしたことがあるという人はいるかもしれません。特に、親に持ち家がある場合などは、「この家はゆくゆくどうするつもり？」といった話はするでしょう。

そうした何気ない会話から、自分の財産をどうしてゆこうか考えるのが親というもの。老後の生活費、自分の介護費用、相続税、墓、葬式代……たいていの親は、自分の死後に子供に迷惑をかけたくないと思っています。

楽天インサイトが２０１９年に行った調査によると、「終活」実施予定者が「終活」する（したい）理由は７割以上が「家族に迷惑をかけたくないから」。

そうして現在ある財産と相続税を考え合わせると、どうせ税金で取られるのだったら可愛い孫の教育に使ってあげたいという結論に達するおじいちゃん、おばあちゃんも少なくないでしょう。

そういう方のために、祖父母、父母などがあげると1人1500万円まで非課税になる「教育資金の一括贈与に係る贈与税非課税措置」（2023年3月31日まで）という制度があります。


ただ、この措置には、気をつけなくてはならない落とし穴があります。

まず、手続きが、かなり面倒なこと。はじめに信託銀行などに口座を開いてお金を預けたら、金融機関経由で税務署に届けを出します。そして、そのお金を使うには、目的にあった使い方をしていることを証明できる領収書などを金融機関に提出しなくてはなりません。

さらに、子・孫が30歳になった時点で口座にお金が残っていたら、そのお金には、相続税よりも高い贈与税がかけられます。

たとえば、孫の教育資金として1500万円を「教育資金の一括贈与に係る贈与税非課税措置」で信託銀行に預けた後に、孫が「僕は、板前になりたい！」と言って料亭で修業し始めたとしましょう。

そうなると、信託銀行に預けた1500万円は教育資金には使われなかったことになり、孫が30歳になったら相続税よりも高い贈与税がかかってしまいます。

では、どうすればいいのでしょうか。

贈与税がかからない金額

お金をあげる時には、年間1人110万円の基礎控除があります。つまり、1年間に110万円までなら、子や孫にお金をあげても、贈与税はかからず非課税になるということです。

しかも、この贈与では、前述の「教育資金の一括贈与に係る贈与税非課税措置」とちがって、もらったお金の使途が限定されていません。

つまり、年間110万円の贈与の非課税枠でもらったお金を孫が貯めておいて、板前の修業を終えた後に、自分で店を出す時に開業資金とすることもできるのです。

「だとしたら、可愛い孫が生まれたので、この子のために、今から毎年110万円ずつあげよう」と思う方もおられるかもしれません。けれど、贈与が成立するためには、あげる側の「あげたい」という気持ちと、もらう側の「ありがとう」という気持ちがマッチングしなくてはダメ。生まれたばかりの孫が、「贈与してくれてありがとう」などと言うはずはないので、これは無税にはならない可能性があります。

まずは、相手が「もらう」という意思を示せることが大切です。

贈与税の対象になる場合も

年間に110万円の贈与は、贈る側は何人に贈ってもかまいません。例えば、娘と2人の孫に年間110万円ずつあげれば、3年間で990万円を無税贈与できる。もらう方は、合計で110万円を超えた金額には税金がかかってくるので注意しましょう。

また、毎年、決まって贈与していた人がお亡くなりになったとします。この場合、贈与とみなされるのは3年前に贈ったものまで。3年以内に贈ったものは、贈与ではなく相続とみなされます。さらに、10年間110万円ずつ贈与するという約束のもとに毎年決まった日にお金が振り込まれると、贈与税の対象となる可能性があるので注意を。

ただし、この110万円の贈与枠が、もしかしたら2024年から使えなくなるかもしれません。ですから、利用するなら早いうち、あげたい子供や孫がいたら、しっかりとあげておいたほうがいいかもしれません。

マイホームの頭金を出してもらいましょう

相続でお金をもらうよりも、今、マイホームを買いたいので、親にお金を出して欲しいという人もいることでしょう。

そういう人は、相続税の前払いとも言える「相続時精算課税」で、親が生きているうちに財産をわけてもらうといいでしょう。

これは、60歳以上の親や祖父母から、18歳以上の子や孫に対して行う無税贈与で、死後に精算するので、2500万円までなら贈与税がかかりません。

たとえば、マイホームを買ったり事業を始めるためにお金が必要な時に、父親から2500万円もらったとします。通常なら贈与税がかかりますが、「相続時精算課税」を使えば、無税で贈与を受けられます。

ただし、贈与税はかからなくても、父親が亡くなって相続が発生すると、その時点で、税金の精算をしなくてはなりません。

結局、後で精算するので、損も得も無い気がしますが、家を買ったり事業をする時にお金を借りると、低金利とはいえ利息を支払わなくてはなりません。だとすれば、父親のお金を無利子で使わせてもらったほうがメリットがあるという考え方もあります。

さらに、将来的に価格が上がりそうなものは、今のうちに買っておいたほうがおトクになるかもしれません。

「相続時精算課税制度」のデメリット

「相続時精算課税制度」は、デメリットもあります。最も大きなデメリットは、前項で紹介した「110万円の非課税贈与」が使えなくなることです。

「相続時精算課税制度」では、最終的に相続する財産の中にもらったものも含まれるということになるので、贈与税よりは低いけれど、相続税の控除範囲を超えると税金を払わなくてはならなくなるケースが出てきます。

ただ、1年間に110万円ずつ贈与される場合、20年間で2200万円もらいますが、ここでもらったお金は非課税で、税金はかかってきません。

また、親から2500万円もらって買ったマイホームが、20年経って価値が下がって1000万円の評価になってしまったとしたら、相続で満額もらったほうがよかったということにもなりかねません。

ですから、制度を使う前にはしっかりと考える必要があります。

長年連れ添った妻なら

親が多額の財産を1人で持っていると、亡くなった時に多額の相続税がかかる可能性があります。

ですから、生前に親が持っている財産をある程度まで分散しておくというのも、相続税対策としては効果があります。

そこで利用したいのが、生前に財産の一部を配偶者に移しておくという方法。長年(20年以上)連れ添った配偶者には、自分たちが住んでいる家を、2000万円ぶんまで無税贈与しておくことができます(贈与税の配偶者控除)。

この制度を使うと、年間110万円までの非課税贈与と合わせて2110万円以下なら贈与税はゼロ円ですみます。詳しくは、最寄りの税務署で聞いてください。

墓地や仏壇を購入してもらう

田舎から東京に移り住んだなど様々な理由で、親が東京に自分たちのお墓を買わなくてはいけないというような事情を抱えたご家族もいらっしゃることでしょう。

そういう場合には、生前に墓地や墓石などを購入しておくように勧めましょう。

墓地や仏壇、仏具は、相続税の対象となりません。ですから、立派なお墓を立ててもらっていると、それについては無税で相続することができます。

ただし、金の仏像といったあまりに高価なものの場合には、税務署によっては常識の範囲を超えていると判断され課税される可能性もあるので事前に税務署に相談することをおすすめします。

二世帯住宅もひとつの「守り方」

高齢者にとって、息子や娘が一緒に暮らしてくれるというのは、うれしいことでしょう。

実は、生前に一緒に暮らすというのは、子供にもメリットがあることなのです。なぜなら、一緒に住んでいる家だと、「小規模宅地等の特例」といって、親名義の自宅の敷地や、親が貸付けている土地で親族が事業を行なっていた宅地であっても、一定の要件を満たせば相続での評価額が大きく下がるからです。

対象となる土地は、住宅なら３３０㎡で減額率は80パーセント、事業用の場合には２００㎡と４００㎡があって、減額率はそれぞれ50パーセントと80パーセント。

ここでは、みんなに関係する「住宅」について見てみましょう。

簡単にいうと、親名義の100坪（約330㎡）で1億円の土地があったとすると、同居していなければ1億円と評価されて相続税がかかってきますが、同居していたら、評価額は8割引の2000万円になるということです。

では、120坪で1億2000万円の土地だったらどうでしょうか。

この制度は、100坪までででないとダメというのではなく、100坪までは8割引だけれど、それ以上は割引がないということ。ですから、120坪の土地だったら、100坪1億円までは8割引の2000万円になりますが、残り20坪については割引なしの2000万円ということで、評価額は合計で4000万円になります。

同居のメリット

たとえば、父親名義の家と土地を相続したとします。

土地は、評価額が坪100万円で100坪あるので1億円。土地の上に建つ建物は評価額1500万円だったとすると、合わせて1億1500万円。

これを、ひとり息子が相続するとすれば、父親と同居していない場合には、相続税1670万円をキャッシュで納めなくてはなりません。

けれど、もしこの息子が、父親と同居していると、前述の「小規模宅地等の特例」で土地の評価額が８割引の２０００万円になります。

ですから、土地の２０００万円に家屋の１５００万円を足して３５００万円を相続することになり、息子が１人で相続する場合、基礎控除が３６００万円あるので、差し引けば課税遺産は０円ということになり、税金を支払わなくてもよくなるのです。

ただし、親子で住んでいる二世帯住宅ならすべてこの「小規模宅地等の特例」が使えるかというとそうではないので注意が必要です。実際には、使えるケースと使えないケースがあるのです。特例を使えないケースのポイントは２つ。

・区分所有登記がされている。
・１棟１棟が、別々な建物。

不動産の状況は、登記で判断されます。親が持っている土地の上に親が二世帯住宅を建てたら、これは登記上は親のものなので、「小規模宅地等の特例」が使えます。

けれど、親の土地の上に二世帯住宅を建てた時に、1階は親の持ち物として登記し、2階を子供の持ち物として登記すると、同居していることにはならず、「小規模宅地等の特例」は受けられません。

また、同じ敷地に、親の家と子供の家が1棟ずつ建っている時には、すべて親の持ち物として登記されているとしても、実態として同居していないとみなされます。たとえ2つの建物が渡り廊下でつながっていても、認められない可能性があります。

ですから、二世帯住宅を建てる時には、相続の時のことも考えて、どうするか親子で決めておくといいでしょう。もし、親が他界した後に自分の子供を住まわせるなら、今度はその二世帯住宅を子供に相続させることになります。あらかじめ対策を立てておけば、自分が親から家を受け継いだように、子供も家を受け継ぐことができるでしょう。

また、今の二世帯住宅はアパートのように玄関も間取りもはっきり分けて建てられるので、将来的には第三者に貸すこともできます。その点も考慮しておいた方がよいでしょう。

けっきょく、親の財産、どうすればわかる？

親の財産を把握するというのはなかなか難しいもの――。

親の「終活」に関して、こんな調査があります。

終活関連サービスを提供する鎌倉新書が2018年に行った「親の終活に関する意識調査」というもので、親の終活について「親から相談してほしい」という回答が約7割を占めています。これは、「自分から親に相談したい」の約2倍。その理由として約7割の人が「把握しておかないと困るから」と答え、また「親の終活に一緒に取り組んでおかないと困ることがある」と回答した人は約9割。ところが、行動に移せている人は半数に満たないのです。

悩んでいる人が多い問題ですし、すぐには解決できないかもしれません。しかし、これまで書いてきたように、高齢者は意外にお金を持っている上に、さまざまなリスクに晒されてもいます。親孝行と思って、日々のコミュニケーションを絶やさず、時間がかかっても話ができる信頼関係を構築してゆくことが大事です。また、知る手がかりがまったくないわけではありません。

「借金」は、ストレートに聞く

まず、一番困るのは、親に大きな「借金」があるケース。親の「借金」は、相続で放棄することもできます。ただし、その場合には、他の財産も同時に放棄することになってしまいます。困ることも出てくるでしょう。

「借金」については、それとなく本人に聞いてみるのが一番です。

お盆や正月など、比較的ゆっくり話ができる時を選んで、「お父さんの老後が心配だけど、借金とかはないよね」とストレートに聞き、反応を見てみましょう。もし、父親の顔が曇るようだったら、「力になりたい」「できることはなんでもするから1人で苦しまないで」と言い、詳細を聞き出しましょう。父親に聞けなかったら母親に、母親に聞けなければ兄弟姉妹に話を聞くと何か知っているかもしれません。

親に来る手紙についてもチェックすることが大切です。もし、見慣れない会社から頻繁に手紙が来ているようなら、消費者金融からではないか調べてみましょう。

もし、借入先がいくつもあるようなら、信用情報機関に親の委任を受けた上で任意代理人として情報の開示請求をしましょう。この場合、手数料として１０００円ほどかかります。日本には、ＣＩＣ（シー・アイ・シー）、ＪＩＣＣ（日本信用情報機構）、ＫＳＣ（全国銀行個人信用情報センター）という３つの信用情報機関があります。

「土地・建物」の評価額を調べる

財産の中でも、わかりやすいのが土地や建物。法務局で登記事項証明書を見せてもらうと借金の有無がわかりますし、借金を返済し終わっていれば、それもわかります。

評価額は専門の不動産鑑定士などに調べてもらわなくてはいけないのではないかと思うかもしれません。

けれど、そんな必要はありません。土地や建物の相場は、住宅情報誌やインターネットを見れば、自分の家の近辺で、どれくらいの価格で取引されているかわかります。

その取引価格から、だいたい２割引いた価格が、実際に売れる価格と思えばいい。

預貯金や保険、権利証は一箇所に

もし親が同意してくれるなら、預貯金や保険、権利証などは、一箇所に集めておいてもらいましょう。相続が発生したときに、バラバラに置かれていると把握するのが大変になるからです。

ちなみに、金融機関に対する預貯金請求権（債権）は5年で消滅することになります（信用金庫は10年の場合もあり）。ただし、銀行などの金融機関の業務は、預金者との信頼関係の上で成り立っているので、時効などでお金を返さないということはめったにはないでしょう。ただ、早めに請求するに越したことはありません。

預貯金や保険、権利証などを一箇所にまとめてもらう方法のひとつをご紹介しましょう。

ちょっとお金がかかりますが、最寄りの金融機関で貸金庫を借りるのです。そして、その鍵を親の誕生日にプレゼントするというものです。

人は歳をとると、自分より年下の人の言うことを素直には聞かなくなります。特に男親は、自分の方が経験豊富でいろいろと知っている、という自負があるからだそう。

ですから、「大切なものはまとめておいて」などと上から目線で言うのは禁物です。「最近は、高齢者の家に強盗が入って、命まで狙われて危ないから、大切なものは銀行の貸金庫に入れておいたほうがいいよ。金庫代くらいはプレゼントするよ」などと優しく言いましょう。

その上で、親に介護が必要になったら、貸し金庫の鍵を借りて、資産状況を見ればよいのです。その時点では、父親が元気なら父親に、母親が元気なら母親に代わりに見てもらうのでもよいでしょう。

第II部　自分の老後——30年後はこうなっている

第1章　まずは年金を知りましょう

70歳まで、働く時代がやってくる?!

50代に入ると、親の老後も自分の老後も心配になるもの。

ここまでは、親の老後を見てきました。今度はご自分のことです。

親世代は、会社を辞めたときにしっかりと退職金が出て、年金制度も健在、それほど贅沢をしなければ、そこそこに暮らしていけました。

けれど、みなさんの世代は、50代になると役職定年になる人が多く、なくなった役職手当の分、給料が大幅に減ります。60歳で定年延長すると、そこでもう一段給料が下がります。そういう「二段重ねの給料減」に襲われる人が少なくありません。

そんな未来が待っているとしたら、自分の老後が心配になるのも無理はありません。

給料が右肩上がりだった親世代に比べると、50歳を境に給料が減っていく世代は、減った給料をベースに計算されますから退職金も失業手当も少なくなります。頼みの公的年金も、支給額が徐々に減っていくことが予想されています。

「会社を定年退職したら年金生活、楽隠居」は親世代には当てはまりましたが、今そんな暮らしを夢見ることが出来るのは、ほんの一握りの人だけと言っていいでしょう。

では、自分の老後を、どう考えていけばいいのでしょうか。

何歳から年金はもらえる？

みなさんが老後を迎える頃には、現在65歳の年金の支給開始年齢は、70歳にまで引き上げられている可能性が高いでしょう。

ということは、70歳まで働こうということになっているはずです。

2021年4月から、「希望する人は、会社が70歳まで雇う」という努力義務が企業に導入されました。

現行では、「努力義務」で強制力はありませんが、年金が「70歳支給」になるのを前提に、「努力義務」から「義務」になる可能性は高い。

さらに、2022年4月から、65歳から厚生年金保険料を納めて働く人の年金額が、70歳まで毎年増える仕組みになりました。これも、年金70歳支給への布石でしょう。だとしたら、少しでも長く働ける働き方を考えたほうがいいでしょう。

男性の平均寿命は、2010年には79・55歳でしたが、2020年には81・56歳、2060年には84・66歳になると予想されています。女性も2020年の平均寿命は87・71歳ですが、2060年には91・06歳になると言われています。

長い人生の中で、豊かな老後を送ろうと思ったら、働けるうちは、できるだけ働くこと。それも、好きな仕事をしていける環境を、今のうちにつくっておくことです。

こんなに制度は変わる

これから様々な制度が、みなさんが考える以上に早いスピードで変わっていきます。

いま、会社にお勤めの方は、本人が希望すれば65歳まで勤め続けることができるよう法律に明記されているので、会社勤めなら65歳までは仕事を失う心配はありません。

けれど、給料については会社が決めていますから、60歳になると給料が半分以下になるという人も出て来ます。

こうした中で、複数の仕事を掛け持ちする人も出てきました。2022年1月から、「雇用保険マルチジョブホルダー」という制度もスタートしています。

今までは、65歳以上で仕事を掛け持ちしている人は、なかなか失業保険に加入できませんでした。なぜなら、失業保険に加入する条件は、1つの事業所で働く時間が1週間に20時間以上でなければならなかったからです。

この条件を緩和し、2つの事業所を掛け持ちしていたら、1つの事業所で1週間の所定労働時間が5時間以上20時間未満でも、2つの事業所での労働時間を足して1週間20時間以上などの条件をクリアすれば、失業保険に加入できるようになりました。

見方を変えれば、こうした制度改革で、年金が70歳支給になっても大丈夫な布石を国は打っているのです。

いま行われている様々な改革は、ほとんどが「年金70歳支給」を見据えたものです。まずはそこを見ていきましょう。

年金は、破綻する？

「年金が70歳支給」になることは覚悟できても、その前に年金が破綻してしまったらたまらないと思っている人は多いでしょう。

日本の年金が破綻する可能性は、あるのでしょうか。

いま、公的年金の債務は、累積で1100兆円と言われています。年金の債務とは、将来、国がみなさんに年金を支払うと約束した金額です。この金額が、国家予算の10倍もの膨大な金額なために、「年金は破綻する」と言われています。

けれど、ご安心ください。膨大な債務はあっても、年金はそう簡単には破綻しません。

なぜなら、この1100兆円の債務は、一度に全部を払わなくてはいけないものではないからです。

確かに、加入して10年経つと誰にでも年金をもらう権利（受給権）が発生します。ただ、40歳で「受給権があるのだから年金を欲しい」と言ってももらえません。年金は、65歳になるまでは支給されないルールになっているからです（前倒しで、減額された年金をもらうことは60歳から可能です）。

つまり、１１００兆円の年金債務があっても、すぐに全部を返すわけではないのです。65歳に到達した人から順番に払っていけばいいだけのことなのです。

だから年金は破綻しない

国が破綻しない限り、年金も破綻しません。

なぜ、そう言い切れるのかといえば、国が破綻しないのに年金だけが破綻するというケースはありえないからです。

もし年金が破綻したら、すでに年金の受給権（10年以上年金に加入）のある人は、その時点で一斉に国を相手取って「年金をもらう権利があるのだから約束を守れ」という集団訴訟を起こすでしょう。

そうなったら、国はその時点で、最悪の場合、1100兆円のお金をいっぺんにみんなに支払わなくてはならなくなります。そんなことになったら、とたんに国家は破綻してしまいます。

そんなバカなこと、国がするはずはないというのが、私の考えです。

では、少子高齢化でますます不足していきそうな年金財源を、国はどうやってやりくりしながら皆さんに年金を支払っていくのでしょうか。

実は、そのためのいくつかの方法が、すでに繰り返し行われてきました。

年金制度の「延命」方法

みなさんもご存知のように、高齢化で年金の受け取り手が増えている日本では、年金財政は火の車になっています。

この悪化した財政を改善するために、今まで主に3つの方法がとられてきました。

①支給開始年齢を上げる

②保険料を上げる

③給付金額を下げる

いままで、年金では、この３つの方法を繰り返し、破綻を避けてきました。ひとつひとつ、その内容を見ていきましょう。

①支給開始年齢を上げる

年金は65歳からもらうものだと思っている人は多いでしょう。確かに今はそうですが、実は、公的年金はスタート時点では、支給開始年齢が55歳でした。

１９４１年に「労働者年金保険制度」が創設され、工場で働く人を対象に現在の厚生年金の元となる年金制度ができました。この時の男性の受給年齢は、55歳でした。その後、１９４４年には、この年金制度が女性にも拡大されました。

日中戦争の真っただ中、太平洋戦争の直前の死ぬか生きるかの中で、年金制度ができるなんておかしいと思うでしょう。たぶん、こうした制度で保険料をみんなから集め、戦費にまわしていたのでしょう。ちなみに、日本の年金は、当時同盟を組んだナチスドイツを真似てつくられたものです。

ただ、戦争が終わり、戦後の経済の混乱の中で日本は急激なインフレに見舞われ、年金も目減りしてピンチに陥りました。そこで1954年、年金の支給開始年齢が55歳から60歳に引き上げられました（男性の場合）。

さらに、その後も年金財政の悪化は改善されず、1985年の改定では65歳支給（男性）が決まりました。

つまり、支給開始年齢の先延ばしで、財政を補塡してきたのです。

②保険料を上げる

年金財政は、入り口の「保険料」を値上げして、出口の「支給額」をカットすれば、改善されます。そのため、「100年安心年金」の旗のもと、この2つを行なったのが当時の小泉純一郎首相でした。

「100年安心年金」は、2004年の厚生年金保険料13・58パーセントを、17年までに18・3パーセントに徐々に引き上げていくことを決めました。厚生年金は労使折半ですが、自己負担ぶんだけでも2パーセント以上上がっていることになります。

国民年金保険料も、毎年引き上げられていくことが決まりました。

ちなみに、1990年度の国民年金保険料は8400円でしたが、2022年度には1万6590円と、2倍近い金額になっています。

その間、給料も上がっていれば問題はないのですが、国税庁の調査によると給料は1997年の約467万円をピークに右肩下がりで、2020年には約433万円と約7パーセントも下がりました。

さらに、年金だけでなく健康保険料も上がり、介護保険料も上がり、雇用保険料も上がり、消費税も上がっていますから、家計はどんどん苦しくなっています。

現在、税金と社会保険料を合わせた国民負担率は48パーセント。江戸時代、収穫したコメの半分をお上に収める「五公五民」は、農民の生活の苦しさを表す言葉でしたが、今の日本も、ほぼ「五公五民」と言えるかもしれません。

③給付金額を下げる

日本の公的年金は、以前は物価が上がれば年金額も増える「物価スライド」でした。物価が上がっても、そのぶん年金も増えましたから、老後の生活はそれほど大変にはならないように設計されていました。

ところが、小泉内閣の「100年安心年金」で、「マクロ経済スライド」が導入され、物価が上がっても、年金は、物価の値上がりほどには増えないことになりました。たとえば、物価が2パーセント上がっても、年金は1・1パーセントしか増えないといった感じです。


さらに、それでも足りずに、2016年には、物価が上がっても給料が下がったら、下がった給料に合わせて年金も下げるという法改正が行われました。

つまり、2004年の「100年安心年金」は、わずか10年余りで破綻したということです。

結果、2021年度の年金の給付額は、物価が上がったにもかかわらず、給料が下がったので、0・1パーセントの支給減となりました。さらに22年度は、さらに給料が下がったために、0・4パーセントの支給減となりました。

4つめの「延命」方法

今まで公的年金は、「支給開始年齢を上げる」「保険料を上げる」「給付金額を下げる」という方法で、なんとか破綻しないようにしてきました。

そして、この3つのほかに、新たに4つ目の方法が出てきました。

それは、「公的年金の加入者を増やす」という方法です。

そこでターゲットとなっているのが、専業主婦をはじめとした人たちが働く「パート」です。こうした人たちをできる限り厚生年金に加入させることで、本人だけでなく会社からも保険料を徴収しようというわけです。

これまでは、パートで働いても、年収が130万円に満たず、夫がサラリーマンなら、妻は「第3号被保険者」でした。つまり、自分では一銭も国民年金保険料を支払わなくても、年金に加入していることになっていました。

それが、2016年10月以降は、従業員501人以上の企業に勤めるパートは、月収8万8000円超、労働時間週20時間以上、かつ1年以上勤めているなら、会社の厚生年金、健康保険に加入して、保険料を支払わなくてはならなくなりました。

2017年4月からは、従業員500人以下の企業でも労使が合意すれは、この制度が適用されることになりました。さらに、2022年10月からは、従業員101人以上の企業に勤めるパートにも会社の社会保険への加入が義務付けられ、2024年10月からは、51人以上までが対象となります。

今まで保険料を支払っていなかったサラリーマンの妻が保険料を払うだけでなく、半額負担する会社からも保険料が受け取れるのですから、年金財政は好転が見込まれます。

それでも年金財政が悪化したら

それでも年金財政が悪化したら、国が税金で補填するという方法もあります。

現在、基礎年金は、支給額の半分が税金から出ています。2022年は満額で月額6万4816円ですが、この半額は、みんなが支払った保険料ではなく税金なのです。

以前はこの税金の割合は3分の1だったのですが、2004年の法律改正で税金での負担分の引き上げが決まり、2009年から2分の1になっています。

ですから、将来的に年金財政がさらに悪化したら、税金での負担分を、3分の2、4分の3と引き上げていけば、破綻せずに済むということになるでしょう。

日本の年金制度は、「改革」と称しながら、今まで常にその場しのぎの場当たり的な方法で、なんとか続いて来ました。

ですから、こうした様々なテクニックを駆使しているうちは、「年金が破綻する」ということは起きないでしょう。

ただ、年金は破綻しなくても、みなさんがもらえる額は徐々に少なくなっていきます。それが最も大きな問題なのですが、それがいったいいくらになるのかを見ていきましょう。

今の50代は、公的年金をいくらもらえるのか

年金加入者ならば国から「ねんきん定期便」という、おおよそどれくらいの年金がもらえるのかが書かれた書類が届きます。

それを見れば、漠然とではありますが、65歳になったら自分がもらえる年金額が想像できるでしょう。

ただ、この「ねんきん定期便」の支給額がそのままもらえるとは思わないほうがいいでしょう。なぜなら、「マクロ経済スライド」によって、物価が上がっても年金はそれほど上がらないという状況が出てくるかもしれないからです。また、「賃金」が下がることで、「年金支給額」も下がるということになるかもしれないからです。

さらに、今の50代が最も危惧するのは、現行で「65歳支給」の年金が、「70歳支給」になるのかもしれないということでしょう。

もし、支給年齢が70歳になったら、今の50代はどうなるのでしょうか。

「70歳支給」でも問題ない？

公的年金は、5年に一度「財政検証」という、その時々の経済の実情を反映し、この先、年金がどうなっていくのかを予測するチェックがおこなわれています。

直近の２０１９年のデータを見ると、一般的なところでは、２０４０年には、今年金をもらっている人に比べて15パーセント前後目減りし、２０６０年には30パーセントほど目減りするのではないかと予想されています。

ただ、２０６０年といえば、今50歳の方は90歳近くになっているので、食も細くなっているでしょうし、旅行に行く回数も減っていると思うので、年金が30パーセント減っても、年金の範囲内で生活していけるのではないでしょうか。

ですから、今の「65歳支給」が続いていれば、なんとか暮らしていけるのではないかと思います。

問題は、年金が「70歳支給」になった時にどうなっているのかです。

実はそうなっても、今の50代は、それほど心配する必要はなさそうです。

なぜなら、「70歳支給」となるのは、最短でも5年ほど先のことでしょう。決まっても、施行までには数年かかるでしょう。みんな、生活がありますから、決まったとしてもいきなり「来年から70歳支給」ということにはならないはずです。実現するためには、まずは誰もが70歳まで働けるような環境を整備することが大前提だからです。

ちなみに、「60歳支給」だった男性の年金を「65歳支給」に引き上げることが決まったのは1985年の改定でした（女性はこの時、「55歳支給」から「60歳支給」まで12年かけて引き上げられることが決まりました）。

そして、図のように、徐々に支給開始年齢を引き上げて来ました。定額部分を徐々に引き上げ、それが完全に65歳になったら、今度は報酬比例部分を徐々に引き上げるという手順を踏んでいます。

そして、すべて60歳から65歳支給になるまでには約30年かかっています。

そういう意味では、今の50代は、年金がいずれ「70歳支給」になる可能性は高いけれど、前回のようなかたちで徐々に支給年齢を上げていくとすれば、ダイレクトに影響を受ける可能性は少ないのではないでしょうか。

受給開始年齢が65歳に引き上げられた時の措置

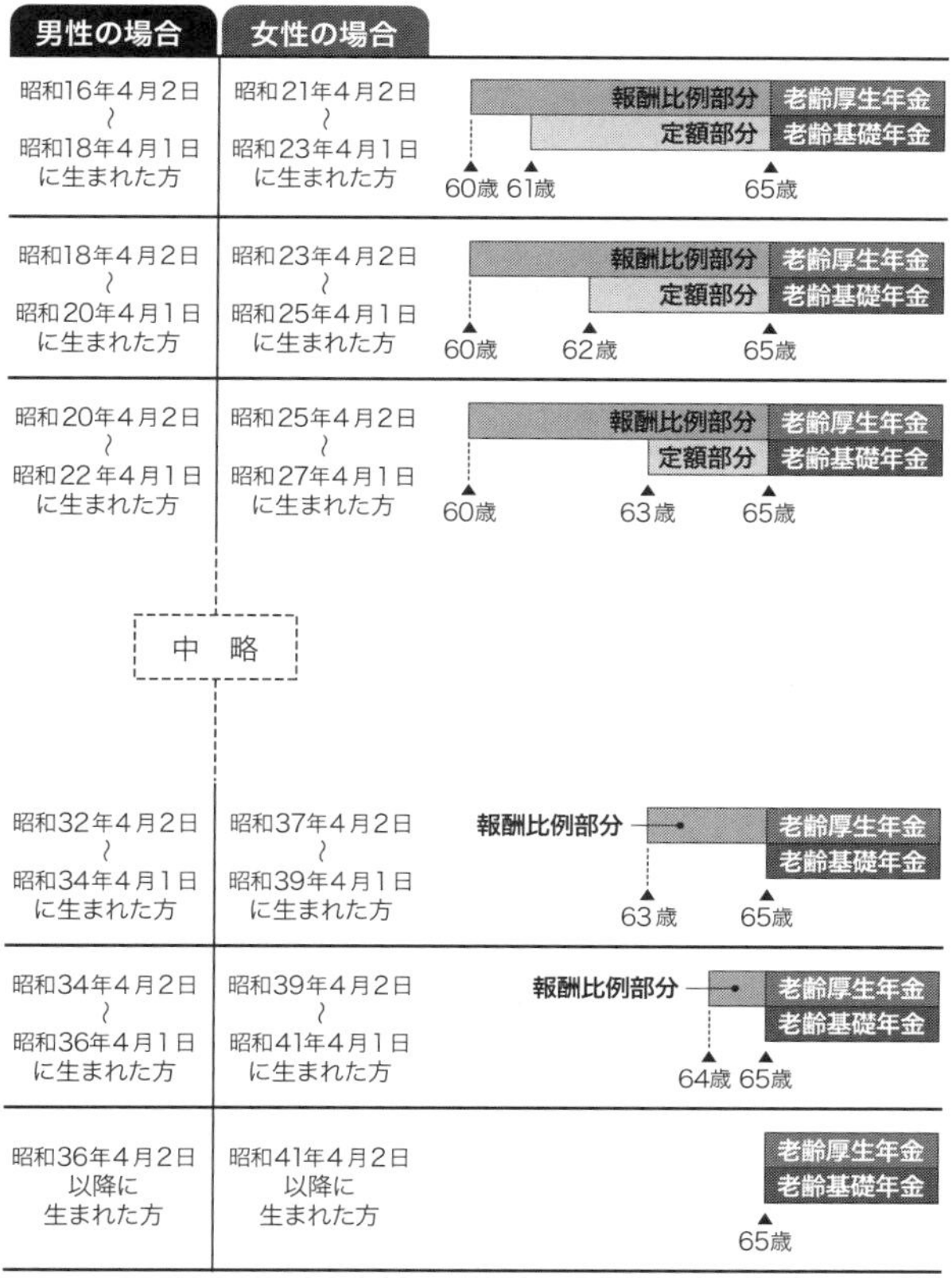

出典：日本年金機構

今の40代はいくら公的年金をもらえるのか？

では、今40代の人は、将来、どれくらいの年金をもらうことができるのでしょうか。

40代の人が年金をもらうようになるのは、20年から30年ほど後のことです。

厚生労働省が出している29年後の年金の試算の8通りの経済前提の中で、成長が中程度、出生率や死亡率も中間の「標準的なケース」で見ると、月々の世帯年金額が約24万4000円と試算されています。

月24万4000円なら、現在の平均的な年金額が約22万円ですから、かなり良いと思うかもしれません。

けれど、この頃には働く世代の給料も1・39倍に増えている前提なので、これを今の価格に置き換えると、月約17万5000円になります。

ただ、今の40代にとっては、こうした数字は、実は現実的ではないかもしれません。なぜなら、20年から30年後の世の中がどうなっているのかなんて、誰にもわからないからです。

「100年安心年金」では、もらえる世帯での年金は最低でも「現役世代の収入の50パーセント」を保障していました。ところが、これがすでに10年前には50パーセントになっています。このペースで行くと、今の40代が年金をもらう頃には、40パーセントを切っているかもしれません。

仮に年金額が「現役世代の収入の40パーセント」だったとすると、現役世代平均手取り収入が35万7000円だったら約14万円ということになります。

これではとても、夫婦2人で暮らしていくことはむずかしいかもしれません。

ただ、50代に比べて40代の強みは、共働き家庭が多いということ。しかも、育児休業などを取りながら、フルタイムで働いている女性は、50代よりも40代のほうが多くなっています。

夫婦ともに会社員の場合の世帯の平均年金額は26万7929円で、男性が会社員で妻が専業主婦の世帯よりも月の年金が約5万円多くなっています（厚生年金保険・国民年金事業年報2019年度)。

子供が生まれても働き続ける女性も増えています。企業側の環境も多少改善しているので、2人で厚生年金に加入して働けば、もらえる年金も多少は増えます。

ちなみに、139ページで書いたように、賃金8万8000円以上(年収約106万円以上)のパートでも、年金に加入しなくてはいけない時代になってきます。

40代の強み

40代の強みは、新しい知識を取り入れ、スキルを磨く時間があること。

174ページの〝「スキル武装」をしておきましょう〟でも書きましたが、1つの会社に一生勤めるのが幸せな時代ではなくなりました。これからの時代は「どんな会社に勤めているか」「どんな部署にいるのか」よりも、「どんな仕事をしてきたか」「すぐに何ができるのか」という、スキルの高い即戦力の人材が求められます。

それに向けて自分磨きをしていくなら、会社を離れてもやっていける人になれるでしょう。

今や週休4日という会社も出て来ています。そうなると、二足の草鞋を履いて働くということになりますが、そうなれば完全に「何ができるか」で明暗が分かれます。

パートの場合も同じ。不動産屋で働いていたら、「宅地建物取引士」の資格を目指す。旅行会社で働いていたら、「旅行業務取扱管理者」の資格を目指す。スーパーで働いていたら、「登録販売者」や「野菜ソムリエ」の資格を目指す。

何か1つ、すぐに役立つ資格を持っていると、それが強みになります。そのために努力する時間も気力もあるのが、40代です。

2人で長く働き、老後までに少しでも貯蓄をして、少しでも増やすことができれば、年金は少なめでも、それほど惨めな老後にはならないはずです。

年金は、いつからもらえばいいのか？

では、年金はいつからもらえばよいのでしょう。

公的年金は、基本的には65歳になれば支給されます。

けれど、支給額が減ってもいいのでもっと早くもらいたいという人は、最も早くて60歳からもらい始めることができます。

これを「繰り上げ受給」と言います。あるいはその逆に、「繰り下げる」こともできます。ここで悩む人が案外と多いのです。

「繰り上げ」と「繰り下げ」の仕組み

「繰り上げ受給」では、年金をもらうのを1ヶ月早くするごとに、もらえる年金額は0・4パーセントずつ減ります。ただし、対象となるのは2022年4月以降に60歳になる人（1962年4月2日以降の生まれ）で、2022年3月までに「繰り上げ受給」をしている人の減額率は0・5パーセントです。

具体的に、もらえる額を見てみましょう。

たとえば、65歳で月10万円の年金がもらえる人が60歳から年金をもらい始めると、0・4パーセント×12ヶ月×5年で、65歳からもらえる年金より24パーセント減ります。つまり、年金額は月7万6000円。これを一生もらうことになります。

それとは反対に、「自分は65歳になってもバリバリ働いているので、まだ年金は必要ない」という人もおられることでしょう。

そういう人は、最長で75歳まで年金をもらう時期を遅くすることができます。これを「繰り下げ受給」と言います。

「繰り下げ受給」では、65歳から1ヶ月遅らせるごとに、0・7パーセントの年金が加算されます。22年の3月までは最長は70歳までしか延ばせませんでしたが、4月からは75歳まで延ばせるようになりました。

では、70歳と75歳の場合を見てみましょう。

65歳で年金が月10万円もらえる人の場合、70歳までもらわずに支給を遅らせれば、

受給開始年齢と増えるパーセント、総受給額が上回る年齢

65歳	—	—
66歳	8.4	77歳以上
67歳	16.8	78歳以上
68歳	25.2	79歳以上
69歳	33.6	80歳以上
70歳	**42.0**	**81歳以上**
71歳	**50.4**	**82歳以上**
72歳	**58.8**	**83歳以上**
73歳	**67.2**	**84歳以上**
74歳	**75.6**	**85歳以上**
75歳	**84.0**	**86歳以上**

0・7パーセント×12ヶ月×5年で42パーセント支給額が増え、月14万2000円の年金を生涯もらえます。

75歳からもらい始めると、0・7パーセント×12ヶ月×10年で84パーセント。つまり、月18万4000円の年金を一生涯もらうことになります。ただ、年金は、死亡した時点で給付が終わります。なので、その損得も考えなくてはなりません。

どちらがお得？

60歳から年金をもらい始めた人は、65歳から年金をもらい始めた人よりも最初は有利ですが、80歳になると総受給額で追いつかれてしまいます。ですから、80歳までに亡くなる可能性のある人は60歳からもらい始めたほうがいいし、80歳を過ぎてもピンピンしているという人は65歳からもらい始めたほうが、もらえる年金総額は多くなるということになります。

65歳と75歳の場合は、表のように一定年齢以上生きるとトクになります。

「平均寿命」は2020年、男性が81・56歳、女性が87・71歳です。ただし、介護が必要なく暮らせる「健康寿命」（2019年）は、男性が72・68歳、女性が75・38歳。

旅行に行ったり、美味しいものを食べ歩いたりできる「健康寿命」も大事です。これらを参考に、いつから年金をもらい始めるか、お一人お一人で考えてみてください。

「加給年金」にご注意！

年金をいつからもらうかは、自分がどれくらい長生きしそうかで決めることになりますが、その際に、注意したいことがあります。

年金を65歳前にもらう「繰り上げ受給」から見ていきましょう。

1ヶ月早くもらうごとに0・4パーセントの減額になることは前述しました。さらに注意しておかねばならないのは、「年金」にはいくつかの種類があり、これらは同時にもらえない場合があるのです。

これまで書いてきたのは、老後の暮らしのためにもらう「老齢年金」のことですが、このほかに、障害を負った時にもらう「障害年金」、遺族となった人がもらう「遺族年金」、夫を亡くして一定条件を満たしていればもらえる「寡婦年金」といった年金があります。これらは、特定の条件を満たさなければ、同時に受給することはできないのです。

生涯もらえる額が減ってしまい、なおかつこうした年金ももらえなくなる……というのはかなりのダメージです。該当する方はよく考えておいたほうがいいでしょう。

「繰り下げ」の注意点

年金を65歳より後にもらう「繰り下げ受給」の場合には、どんなデメリットがあるのでしょうか。

サラリーマンの方で、奥さんが自分よりも年下だという人も多いでしょう。そういう人が知っておかなくてはいけないのが「加給年金」についてです。

サラリーマンが年金生活に入ると、現役時代よりも収入が減りますから、奥さんに稼ぎがなければ生活が苦しくなります。それを補ってくれるのが、「加給年金」です。「加給年金」は、年下の妻が65歳になって自分の年金がもらえるようになるまで支給される、家族手当のようなものです。

「加給年金」がもらえるのは、厚生年金や共済年金に20年以上加入していて、65歳で年金をもらい始めた時に、夫よりも年下で扶養されている妻や、妻だけでなく、18歳未満

加給年金と振替加算のイメージ

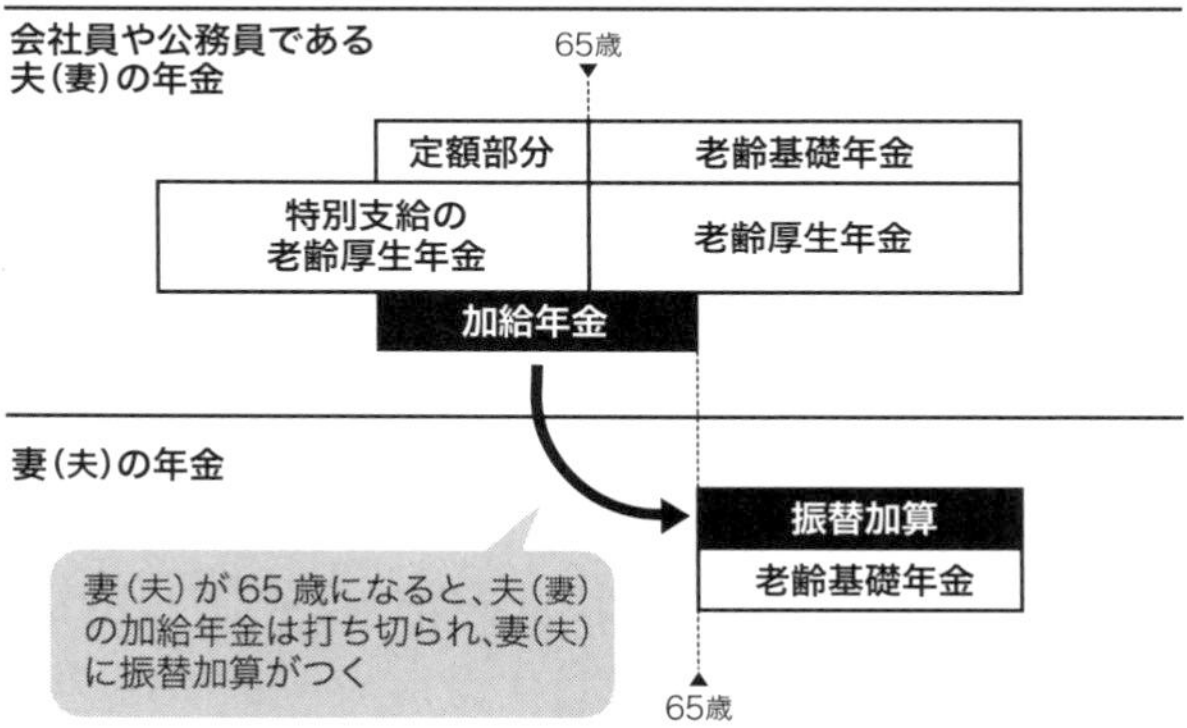

の子供や20歳未満で1級または2級の障害を持った子供がいる場合も、それぞれの年収が850万円未満なら対象です。

22年4月より制度が少し変わったので、詳しくは最寄りの年金事務所で相談してみてください。

妻が働いていれば

「加給年金」の額は、年22万3800円（2022年度）。さらに、生まれた年によって、特別加算がつきます。たとえば、1943年4月2日以降生まれなら16万5100円になるので、年額40万円近くになります。

　妻が65歳になって、自分の年金がもらえるようになると、「加給年金」はもらえなくなります。その代わり、妻自身の「老齢基礎年金」に、一定額の「振替加算」がつきます。

覚えておきたいのは、「加給年金」は、老齢厚生年金についているということです。老齢厚生年金を「繰り下げ受給」してしまうと、もらえなくなる可能性があります。

サラリーマンの年金は、「老齢基礎年金」の上に「老齢厚生年金」が乗っていますが、ポイントは、それぞれ別々に「繰り下げ受給」ができるということ。

ですから、「加給年金」をつけた「老齢厚生年金」は65歳からもらい始め、「老齢基礎年金」は妻が年金をもらうまで「繰り下げ受給」にしておけば、老後に少し多めに年金をもらうことができるはずです。

第2章 「現役」のあいだにやっておきましょう

老後資金を考える前に、まず借金返済を

「幸せな老後」でお金に困らないためには、すぐにでも「ｉＤｅＣｏ（イデコ）」や「ＮＩＳＡ（ニーサ）」をやりなさいと、国をあげて奨励しています。

けれど、投資をする前に、しっかりやっておかなくてはいけないことがあります。それは、今ある借金を返し終わること。そして、できれば年収の2倍くらいの貯金を持っておくことです。

なぜ年収の2倍の貯金かといえば、リーマンショックのようなことが起きて、会社をクビになっても生き抜けるから。金融危機のようなことが起きると、投資商品はかなり目減りしてしまう可能性がありますが、現金は目減りしません。

金利の高いキャッシングや自動車ローンなどはもちろんですが、金利が低い住宅ローンであっても、できるだけ繰り上げ返済をして返しておきましょう。

働けなくなって年金だけで暮らす老後になる可能性だってあります。その時に借金が残っていたら、生活すらままならなくなるかもしれないからです。

返済の優先順位

借金を返す時には、最初に手をつけるのが、リボルビング払いで借りているもの。リボルビング払いは、万年借金に陥ってしまう危険性があるからです。

次に手をつけるのは、金利の高いもの。

そして、最後が住宅ローンということになります。

低金利なので、住宅ローンを借りていても「金利が低いからいいや」と思いがちです。しかし住宅ローンというのは長く支払いが続くぶん、金利も侮れません。

たとえば、「フラット35」で、35年返済、金利2パーセントで3000万円を借りたとします。10年目に100万円の「繰り上げ返済」をしたとすると、支払うことになっていた約62万円の利息を支払わなくてもよくなります。

同じ条件で、20年後に100万円を繰り上げ返済したとすると、利息は約33万円しか減りません。30年後だと、利息は約9万円しか減りません（期間短縮の場合）。

つまり、「繰り上げ返済」をするなら、早ければ早いほど、おトクということです。手元にある100万円を、投資に回すか住宅ローンの「繰り上げ返済」に回すかで、人生は180度変わります。投資にお金を回した人は、株が上がったり下がったりするたびに一喜一憂することになりますが、「繰り上げ返済」に回した人は、100万円が160万円になるのが確実なのですから、まずはここから手を付けるようにするのが賢明です。

住宅ローンを返したら？

住宅ローンを返してしまうと、家計に貯蓄余力が出てきます。

たとえば、月々8万円を住宅ローンとして返済していた家庭なら、住宅ローンを「繰り上げ返済」で返してしまうと、これまでローンに支払っていた月8万円を、貯蓄に回すことができます。

35歳くらいで35年ローンを組んだ方なら、支払いは70歳まで続くことになりますが、これを55歳くらいまでに「繰り上げ返済」で無くすと、年間１００万円の貯金ができます。つまり、65歳までに１０００万円貯められるということです。

　年金生活の中で住宅ローンを払わなくてはならないのと、ローンがなくて１０００万円の貯金があるのとでは、天と地ほどの差になります。


　そうはいっても収入は限られています。ですから、例えば奥さんがパートをしているなら、パートで稼いだお金を「繰り上げ返済」にまわしましょう。

　そのために必要なことも、後で触れます。

　まずは、家に今どれくらいの借金があるかを夫婦で確認し、そのためにどれだけ老後が不安定になるかという危機意識を夫婦で共有することです。「２人で一緒に頑張ろう」と夫婦で思えるようになれば、半分以上成功したようなものです。

働かない子供は追い出す！

借金は老後のためにまず第一になくしておきたいものですが、次になんとかしなければならないのは我が子。ちゃんと学校を卒業して、就職してくれるならなにより。でも、学校にも会社にも馴染めず、成人しているにもかかわらず親元で「ひきこもり」を続けている子供が増えています。

政府の調査では、満15歳から満39歳までで、狭義の意味での「ひきこもり」の若者は、17・6万人います。つまり、求職活動もせず、家事の手伝いや通学などもせず、出かけるといっても近所のコンビニ程度でひたすら家の自分の部屋に閉じこもっているという一般的なイメージの「ひきこもり」です。ところが、普段は家にいますが、自分の趣味に関することだけ出歩くなどの「準ひきこもり」の若者となると36・5万人にも上ります。合計すると54・1万人。

もっと怖いのは、最近注目されている8050問題。40歳から64歳のひきこもり人口は推計61・3万人にも上るのです。若いうちにひきこもり問題が解決せず、そのまま子供が家に残り続ければ、80代の親が50代の子供を養うという老後が訪れかねないのです。

もちろん、なんらかの疾患や障害を負っていて、自立が難しい場合は、親がしっかり面倒を見てあげる必要があるでしょう。その場合は、公的な支援も受けられます。けれど、そうでなければ、ただひたすら親が面倒を見なくてはならなくなります。公的支援もありません。よほどの蓄えがない限り、どんな未来が待っているかは想像がつくはずです。

「ひきこもり」のルール

ひきこもりの原因は、千差万別ですが、何らかの理由で挫折し、傷つく経験をしたことが多いと言われています。学校でのいじめや職場でのパワハラ、受験の失敗など、つらい経験で社会に出られなくなってしまった人たちがやはり多いようです。

それだけに、親が子供を「ひきこもり」から立ち直らせるのは、容易なことではありません。

そこで忘れてはいけないのは、「ひきこもり」になってしまった子供の方が、親よりも何倍も苦しんでいるということです。

だとしたら、無理に社会復帰させることはありません。心の傷が癒えるまで、家に居させてあげましょう。ただし、何もしないで引きこもっていることは許さない。

家にいる限り、家賃を払う。払えないなら、家を追い出す。「ひきこもり」ながらでも、最低限のお金は自分で「稼げる」ようにしないと、親子共倒れです。

幸か不幸か、新型コロナ禍でリモートワークなどが普及し、人に接触しなくても仕事ができる環境ができつつあります。これを利用しない手はありません。

ひきこもりでもできる仕事

今、世界最大の職場は、インターネットの中にあります。

「Upwork（アップワーク）」というサイトでは、約1000万人の人が登録し、約400万社の企業が仕事の発注をしています。世界中の不特定多数の仕事を求めている人たちが、仕事をしてもらいたい企業と「Upwork」で出会い、働いて、報酬を得ています。

これは、「クラウドソーシング」と呼ばれる、不特定多数の人（crowd）に業務委託（sourcing）するマッチングサイトで、日本でも急成長しています。

日本では、大手の「クラウドワークス」や「ランサーズ」だけでなく、最近は「主婦が働く」ことに特化した主婦向けサイト「ママワークス」や、ちょっとした得意分野がある人なら、スマホから気軽に仕事につなげることができる「ココナラ」、体験談や商品の説明文などをパソコンやスマホでライティングする「ルポ」など、様々なサイトが立ち上がっています。

リアルな仕事を探すなら、人と会わずに働ける深夜のガードマンやトイレ掃除、配送員など、黙々とできる仕事を探しましょう。漁業や農業といった、自然を相手にする仕事もいいでしょう。

こうした仕事を通して、心優しい仲間と出会えれば、社会復帰の第一歩になるはず。たいていの場合、親は子供より早く死にます。だからこそ「稼ぐ」ということは教えておかねばなりません。「稼ぐ」ことさえできれば、親の死後も子供は生きていけるのですから。

1人でも生きられる準備をする

借金、子供ときたら、「幸せな老後」のための次のリスクはなんでしょう。「自分」です。

2019年時点で、65歳以上の者がいる世帯の3分の1は、一人暮らしをしています。伴侶と死別したり、離婚したり、もともと結婚せずに一人暮らしだったりと、状況は人によって様々。とはいえ統計的には、独身者が増えているのです。

厚生労働省が2021年に公表した「50歳時点で一度も結婚をしたことのない人の割合」は、男性が26・7パーセント、女性が17・5パーセントで、この割合が、2040年には男性が29・5パーセント、女性が18・7パーセントになると推測されています。

ちなみに、1990年の未婚率は、男性が5・6パーセント、女性が4・3パーセントでしたから、この約30年の間に、未婚の男女がかなり増えているということです。

40歳、50歳まで独身で一人暮らしをしてきたという方は、すでに一人暮らしの技術を身につけているケースが多いので、それほど心配はないでしょう。が、困るのは、結婚したけれど何らかの理由があって途中で1人になった人。

特に男性の場合、奥さんに頼りっきりだったという人も多く、一人暮らしになった途端に、部屋の中は酒の空き瓶と空のカップ麺の山という惨状になる人が実際にいます。

それでも、お金があれば、掃除をしてくれる人を雇えますが、一人暮らしの3人に1人が、なんと貯蓄ゼロなのです!

3人に1人が貯蓄ゼロ?!

「家計の金融行動に関する世論調査2021年」(金融広報中央委員会)の単身世帯調査を見ると、40代、50代の35・7パーセントが貯蓄ゼロ。貯蓄があるという人でも、13・8パーセントが貯蓄額が100万円に満たないという、驚くべき状況です。

一人暮らしだと、お金も時間もすべて自分のために使えるという良さがあります。けれど反面、お金の浪費にストッパーがかからないという弱点があります。

家族がいれば、自分だけでなく家族のことも考えなくてはなりません。今、現在のことだけでなく、将来を見据えた計画が必要です。目標に向けて貯金していかなくては、家族みんなが路頭に迷います。自分勝手にお金を使うということがなかなか許されない、それが浪費を抑えることにもつながります。

けれど、1人の場合、こうした意識が乏しくなるのでしょう。貯金ひとつとっても、家族がいれば「○○でお金が必要になるので準備しておこう」と思えるでしょうが、1人だとそうした目的意識が乏しくなるだろうことは想像がつきます。「余ったら貯金しよう」くらいにしか考えていなければ、結果的にお金が貯まらないという人も多くなるでしょう。

「現役」と「老後」の落差

それでも、バリバリ働いて稼いでいるうちは何とかなります。ところが問題は「老後」。アリとキリギリスではないけれど、気がついたら働くことができなくなっていて、稼ぎもないいまま老後が惨めなものになっていた……というケースはままあるのです。

また、現役時代は同僚や先輩、後輩もいれば、まだ親も親戚もそこそこ元気でしょう。友人だって自分と同じく現役です。イザという時に頼れる先がいくつか思いつくでしょうが、そうした人たちだって年とともにどんどん高齢化していきます。

仕事をリタイアした後に、こうした人たちとのつながりが切れ、孤独と経済的な不安の両方を抱えることになってしまう事態は、ありえないことではないのです。体力が落ちていく中で状況に抗うのは難しいこと。そのためにはせめてそうなる前に、経済的な安定だけでも、確保しておくべきではないでしょうか。

まずは、「老後までに○○万円貯める」という目標を設定しましょう。働いて稼げるうちにコツコツと貯金をしておくのです。


夫婦であっても一緒には逝けないのが死というものです。老後は１人残されて孤独になります。でも、お金があれば、多少の慰めも得られるでしょう。要介護になっても、家事代行を頼めば生活は確保できますし、トラベルヘルパーを頼めば旅行にも行けます。「地獄の沙汰も金次第」と言いますが、人間、最後は１人。最後まで楽しく暮らせる人生にするためには、現役時代にしっかりお金を貯めておくのが大事なのです。

夫婦仲を改善しましょう

「自分」の意識を変えることが出来て、よし老後のために貯金をしておこうと思えたとしても、1人ならともかく、夫婦であるなら協力は不可欠。次に考え直しておくべきなのは「夫婦仲」です。意外ですか?

厚生労働省の国民生活基礎調査を見ると、昭和のあいだ上がり続けていた世帯年収は、平成になって下がっています。

「年功序列」も「終身雇用」も平成のあいだに崩れ、50歳を過ぎると役職定年で給料がダウンする時代になりました。

こうした過酷な状況の中では、1人の給料だけで家計を支えるのは難しい。豊かな老後を送ろうと思ったら、「共働き」が当たり前の時代になっています。

経済面のメリットだけではない

「共働き」は、経済面だけでなく、精神面でも豊かな老後の支えとなります。夫婦が共に働くことの大切さは、お金を稼いで家計を楽にするだけではありません。夫は、バブル崩壊以降、会社で過酷な労働に耐え、リストラの恐怖にさらされながらも必死に歯を食いしばり涙をこらえて働き続けてきたでしょう。

今50代で、バブル期に結婚退職、そのまま家庭に入った妻の中には、いまだにバブル気分が抜けきらず、夫の会社での苦労が理解できないという人も少なくありません。

そんな夫婦だと、人生観のギャップも大きく、特に子供が社会人になると、「子育て」という共通目標がなくなるので別離に至るケースも少なくありません。

ただ、高齢になって離婚すると、経済的なダメージは意外と大きい。

いまは年金も「離婚分割」で、夫が会社員だったらその一部を妻がもらうことができます。けれど年金を分けても、2人で20万円の年金を、1人10万円ずつ分けるという感じですから、アパートを借りて一人暮らしすることもできないでしょう。

DVなどやむを得ない理由がない限り、離婚はなるべく回避した方が、お互いの人生にとって良い結果になるのではないでしょうか。

そのためには、159ページで書いたように「住宅ローンの繰り上げ返済をする」というような目標を共有し、妻も働きましょう。自分の働きで住宅ローンの残高が着々と減っていくのを見れば、自分もうれしいでしょうし、夫も喜ぶでしょう。多少嫌なことがあっても、働き続けることに意欲が湧くのではと思います。

そう、働きに出れば、辛い目にもあうし、嫌な人とも付き合わなくてはいけない。そんな社会の荒波を体験してこそ、夫の苦労も理解できるでしょうし、お互い支え合い、心が通う、豊かな老後につながるはずです。

今、40代の女性は、バブル崩壊後の「就職氷河期」に就職した人が多いでしょうから仕事の大事さは身に沁みているでしょうが、やはり老後の年金のことを考えると、離婚せず、働き続けた方がゆとりある老後になるはずです。

働くメリット

40代、50代の多くは、正社員でなくてもパートで働くという人がかなりいます。しかも、139ページでも書きましたが、賃金8万8000円以上（年収約106万円以上）のパートの多くは、今後、会社の社会保険に加入することになっていきます。

この制度は、2016年にスタートした時には従業員501人以上の企業が対象でしたが、2022年10月からは従業員数101人以上の企業が対象になり、さらに、2024年10月からは51人以上の会社が対象になります。

そうなると、かなりのパートが厚生年金に加入することになりますから、老後の妻の年金が増えます。働くメリットは案外と大きいのです。

これまで外で働いていなかった妻が外で働くには、夫の意識改革も必要です。

今の20代、30代は、共働きが当たり前なので、家事も子育てもシェアするのが当たり前。ところが、40代、50代の男性の中には、いまだに「俺が食わせてやっている」という意識の人が少なくなく、しかも妻に無関心な態度を取る人も多い。

「AERA dot.」と「Yahoo! ニュース」のアンケートで「夫に言われてもっとも許せなかった言葉」の1位は、「どっちでも。任せるよ」という、主体性のない言葉。2位は「何を言っているのかわからない。で、何が言いたいの?」という、話をまともに聞こうとしない言葉。

男性は、妻との関係を早めに改善しておきましょう。そうでなければ共倒れになることを肝に銘じましょう。

「スキル武装」をしておきましょう

夫婦仲まで改善できて、共働きの環境が整ったら、老後のためにしておくべきことがあります。

「スキル武装」です。

シニア再就職先で、「あなたは、何ができますか」と聞かれて「部長ならできます」と答えたという笑い話がありますが、実は、これは笑えない話です。

なぜなら、「何ができるか」と聞かれて、胸を張って自分のスキルを語れるシニアは、意外と少ないからです。

雇うほうも、何ができるのかがわからなければ、使いようがありません。

だとしたら、今のうちに「これなら任せてください」と言えるスキルを身につけておくべきでしょう。

現行制度でスキルアップ！

「スキル武装」するためには、現行の制度をフルに使いましょう。

会社員なら、厚生労働大臣指定の教育訓練講座を受講してこれを修了すると、受講にかかった費用の20パーセント（4000円以上、上限10万円）を戻してもらえる「一般教育訓練給付制度」が使えます。

この制度は、はじめて使う方だけは、雇用保険に1年以上加入していれば使えます。また、会社を辞めても離職後1年以内なら利用することができます。通算で3年間以上雇用保険に加入していれば、3年ごとに何度も使えます。

「特定一般教育訓練給付制度」は「一般教育訓練給付制度」と雇用保険の加入期間の用件は同じですが、訓練開始の1ヶ月前までに、訓練前キャリアコンサルティングを受けてジョブ・カードを作成し、受給資格を得たうえで講座を修了すると、20万円を上限に支払った金額の40パーセントが給付されます。

さらに、「専門実践教育訓練給付制度」もあります。

これは、より専門的な知識を身につけるためのもので、年間56万円を上限に、かかった費用の最大70パーセントが支給されます。いずれもハローワークが窓口です。

会社に勤めながら資格を取るには、かなりの本気度が必要ですが、最近は週休3日、週休4日などという会社も出てきています。休暇を上手に使ってトライしましょう。

第3章　「老後」のためには、おやめなさい

退職金で、「起業」？

前章では、「現役」の間にやっておくべきことを書きました。この章では、「やってはいけないこと」を見ていきましょう。

まず筆頭に挙げなければいけないのは、「退職金の使い道」についてです。中でも「起業」。これが一番、アブナイ。

会社に在籍している間に、起業のためにしっかり「スキル武装」し、事業計画も立て、独立しようと考えている方もおられるでしょう。それは結構です。チャレンジ精神は素晴らしい。でも、起業でやってはいけないことがあります。

それは、退職金を使って「起業」することです。

「起業」にはもちろん、それなりのお金が必要となります。そこで、多くの人は、それまで貯めてきた貯金や自分の退職金を使って始めようとする。中には、親兄弟に資金援助を頼む人もいることでしょう。

けれど、それは絶対にやめたほうがいい。

理由は2つ。

1つ目は、自分のお金だと、シビアな資金計画がなくても「起業」できてしまいます。そのぶん失敗しやすくなるのです。

2つ目は、自分のお金をつぎ込んでいると、事業がうまく行かなかった時に諦めがつかず、親戚縁者からお金を借りまくるなど、収拾がつかなくなりやすいのです。

起業のお金は金融機関から

今までサラリーマンをしていた人が事業を始める時には、なるべくリスクを減らして始めなくてはいけません。そのために、お金はしっかり金融機関から借りましょう。

ただ、ほとんどの銀行は、海のものとも山のものともわからないあなたの「起業」には、お金を出してくれません。

ですから、銀行ではなく「日本政策金融公庫」で、お金を借りましょう。なぜなら、「日本政策金融公庫」には、起業支援を行うメニューがあるからです。

ただ、そこに「事業計画書」を持ち込んでも、たぶん99パーセントは「これでは、資金援助はできません」と断られることでしょう。実は、そこからが勝負です。

その事業計画のどこがダメでお金を貸せないのかを、しっかり聞きましょう。相手は、起業のプロですから、容赦無くダメ出しをしてくれます。そうしたら、そのダメなところを改善し、もう一度「事業計画書」を練り直して持って行く。

大切なのは、あなたの事業計画のどこが悪くて融資されないのかを、プロの目で指摘してもらうこと。

問題点を示され、それを改善したら、再びそれを持って行く。そこでもさらなる問題点が指摘され、なかなか融資はおりないことでしょう。が、そうやって何度も足を運ぶうちに、確実にあなたの事業の欠点は潰され、成功率は上がっていくはずです。

起業に大事なこと

「起業」への意欲がある人は、往々にして思い入れが強く、思いが先走って自己流になりがちです。しかも、それを知人に話すと、大体の人は「勇気がある」とか「素晴らしい」などの褒め言葉をくれます。けれど、お金が絡まない人間関係なら、なんでも言えます。それを鵜呑みにすると、失敗します。私は何人もそういう人を見てきました。

大切なのは、事業計画を厳しい第三者のプロの目で見てもらい、成功確率を上げることです。プロに、客観的な目で評価してもらうことです。

それは、事業家になるためのレッスンでもあるのだと思いましょう。

また、金融機関から借りたお金なら、担保さえ最小限にしておけば、ダメだと思ったら会社を倒産させて、事業から撤退することもできます。そうした終わり方をすれば、次に「起業」する時にも、親類縁者に迷惑はかけていないので、後ろ指を指されることもないでしょう。迷惑をかけていなければ、失敗を糧に、再度奮起して立ち上がろうとする時に、応援してもらうことだって可能かもしれません。

「起業」するなら、会社を辞める前に、ある程度まで「事業計画書」を練り上げて金融機関に目を通してもらいましょう。そうした準備なしに会社を辞めてしまうと、後悔することになりかねません。

定年後の「海外移住」で「ゴールデンタイム」？

あなたは、60歳以降の人生の「ゴールデンタイム」を、どこで過ごしたいですか？

「老後は、ハワイに住んで店でもやりたい」そんな夢を抱いている人は、意外と多いようです。それが、辛いサラリーマン生活の支えになっている人もいます。

退職金の使い道として、「起業」の次に気をつけてもらいたいのは「海外移住」。

これはよくよく考えて行動に移さなければ、滅多にうまくいかないことだと思っていた方がいい老後のあり方です。

これまでに海外駐在などで現地に長く住んだことがあって土地勘があり、現地に友人知人が多いという場合は一考の余地があるでしょうが、旅行程度でしか行ったことがないのに実行してしまい、失敗するケースが多々あるのです。

私の知り合いに、大手企業を定年退職してハワイに移住した人がいました。ところが、言葉ができないため現地になじめず、ホームシックになって3年で日本に帰ってきました。しかも、「海外移住」するときに家を処分していったので、帰ってきても住むところがない。今は親元に転がり込んで窮屈な生活をしています。

もし、本気で「海外移住」を考えるなら、とりあえず旅行会社の「海外長期滞在プラン」などで現地暮らしをしてみましょう。旅行では見えない日常生活の様々なことが見えてくるはずです。

「国内移住」も選択肢に

今は、新型コロナの影響もあって、「海外移住」よりも「国内移住」が人気です。移住を考えるなら、「国内移住」も選択肢の1つではないでしょうか。

地方移住を支援する「認定NPO法人ふるさと回帰支援センター」によれば、2020年1月からの1年間での調べでは、最も人気の移住先は「静岡県」。次いで「山梨県」「長野県」だそうです。

東京23区に在住または通勤する人で「地方移住」したい人には、2024年までなら、世帯で最大100万円の「移住支援金」が出ます。また、移住先で起業すれば、この補助金に「起業支援金」最大２００万円がプラスされ、最大３００万円がもらえます。

これとは別に、自治体でも、移住者に補助金を用意しているところが増えています。詳しくは、「一般社団法人移住・交流推進機構」のホームページで支援自治体を検索してみてください。

親が高齢で、介護が心配だという人は、リモートワークが可能なら、親の近くに住むという選択もあるでしょう。地縁、血縁のある土地への移住なら、なじめず撤退、という可能性も低いでしょう。

自治体にとっても、介護は大きな問題ですから、親世帯との同居や近居を望む人には支援するところが出てきています。近居とは日常的な行き来ができる〝スープの冷めない距離〟に住むことで、同居よりハードルが低いです。

親元に戻ると補助が出る

たとえば、神奈川県厚木市の「親元近居・同居住宅取得等支援事業補助金」は、親世帯が厚木市在住で、子世帯が市外から転入する場合、同居用の住宅購入だと60万円、近居なら40万円が補助されます。リフォームは費用の１割で上限20万円。

ほかにも子世帯に中学生以下の子供がいる、世帯主が40歳未満など4つの条件を満たすと、それぞれ10万円ずつ加算され、最大100万円になります。

千葉県松戸市も「三世代同居等住宅取得支援」で、親世帯が松戸市在住、子世帯に中学生以下の子供がいることなどの条件をクリアすると、同居用の住宅購入には75万円、近居なら50万円の補助金が出ます。子世帯が市外から転入すると、ここに25万円が加算されて、最大100万円になります。

山梨県鳴沢村の「三世代同居等支援事業補助金」は、子世帯の転入だけでなく、親世帯と子世帯がそろって転入でも補助金が出ます。条件は子世帯に中学生以下の子供がいること。補助金は住宅購入なら、同居でも近居でも費用の2分の1で、新築なら上限100万円、中古なら80万円。同居ならリフォームでも補助金が出ます。親が住む自治体にそうした制度がないか問い合わせてみましょう。

「海外移住」でも「国内移住」でも、地縁血縁もない所に退職金をはたいて移住するのはリスクが大きいということは知っておいて欲しいことです。

「長期投資」で、資産が増える？

「起業」「海外移住」ときたら、次に気をつけなければならないのはなんでしょう？

今流行りの「投資」です。

近年、日本では国をあげて、「投資」を勧めています。

特にオススメされているのが「長期投資」で、金融庁のホームページを見ると、「ｉＤｅｃｏ（イデコ）」や「つみたてＮＩＳＡ（ニーサ）」で、コツコツと投資していけば、老後にお金に困ることはないというような書きっぷり。ご丁寧にも、右肩上がりという、矢印が右のほうに上がっているイラストまでついています。

けれど、本当に、長期投資なら、老後資金は増えていくのでしょうか。

30年後を予想せよ

皆さんは、1ヶ月後の自分がどうなっているかということは、おおよそ見当がつくでしょう。けれど、30年後の自分がどうなっているかというのは、どの程度まで予想することができるでしょうか。

たぶん、30年後のことなど、見当もつかないという人がほとんどでしょう。

それもそのはずで、この30年の間には、アメリカのニューヨークやワシントンで同時多発テロが起き、ユーロという共通通貨を使う巨大経済圏がヨーロッパに出現し、リーマンショックが起き、東日本大震災が起き、世界中に新型コロナが蔓延するといった、誰も予想できなかったことが起きています。

ロシアのウクライナ侵攻だって、ほとんどの人が予想できませんでした。

「投資」も、同じです。

30年後の経済がどうなっているのかなどということを予想できる人は、実は1人もいないのです。

30年前には、「給料は右肩上がりに上がるもの」というのが日本の常識でした。それが、右肩下がりになるなどとは、誰が予想したでしょうか。

貯金でも、30年前には金利が3パーセントで、まさかそれが0パーセントになるなどとは、誰が予想したでしょうか。

さらに、「100年安心」な年金が登場し、それがわずか10年余りで破綻するなどということは、誰が予想出来たでしょうか。

誰も長い先のことは予想できません。なのに、なぜ国をあげて皆さんに、「長期投資なら大丈夫」などと勧めるのでしょうか。

投資信託にご用心

「長期投資をしましょう」ということで、銀行の窓口で投資信託を勧められた方は多いのではないでしょうか。

ただ、皆さんが買った長期投資用の投資信託を運用しているファンドマネージャーの中で、本気で長期投資を考えている人は、どれくらいいるのでしょうか。

たぶん、ほとんどいないのではないかと思います。

なぜなら、ほとんどのファンドマネージャーは3ヶ月単位で運用成績を評価されます。まれに6ヶ月のケースもありますが、その時に成績が悪いと、外資系などではクビになってしまうところもあります。

そんな環境にある人たちが、今はダメでも将来的には伸びる可能性があるなどという金融商品を投資信託に組み込むでしょうか。運用する人は、3ヶ月先を見据えた短期勝負しかできない環境なのです。


では、なぜ金融機関にいくと「長期投資」を勧められるのでしょうか。

たぶん、「どうなるかわかりませんが、短期で見るといい投資です」という言葉よりも、「これは将来に備えた長期投資です」という言葉に、多くの人が魅力を感じるからではないでしょうか。

しかも、30年後に「ぜんぜん良くなっていないじゃないか」と文句を言われても、担当者はすでに会社を退職してしまっているでしょう。

そうしたリスクのある商品だということを肝に銘じておかなければならないのです。

「アパート・マンション投資」が年金代わりに?

「投資」といっても、投資信託ばかりが投資ではありません。不動産投資も理解のないまま手を出してよいものではありません。

「アパートの家賃収入を、老後の年金がわりに」「年金+家賃収入で悠々自適な老後」「低金利でも、なんと利回り12パーセント」。銀行の金利が一向に上がらない中で、こんなセールストークに魅力を感じてしまう人もおられることでしょう。

アパートやマンションを買って、そこからの家賃収入を老後資金の足しにするというのが「アパート・マンション投資」ですが、そこには意外な落とし穴もあります。

「落とし穴」をよく知って!

低金利の中で、高利回り物件があることは確かです。

ただ、提示された利回りを、そのまま鵜呑みにしてはいけません。「利回り12パーセント」というのは、実際にはあり得ません。

たとえば築20年、10部屋あるアパート1棟が、古いということで8000万円で売り出されていたとします。部屋の家賃が8万円なら、収入は月80万円、年間960万円ということになります。

8000万円を投じて年間960万円の利益なら、確かに「利回り12パーセント」ということになります。

ですが、サラリーマンの場合、8000万円もの大金をポンと出せる人はいないでしょう。銀行でお金を借りるということになります。

投資用物件の場合、ご自分が住む場合に組む通常の住宅ローンよりも返済期間は短くなり、金利も高くなるのが一般的。ですから、8000万円を25年ローン、金利2・5パーセントという条件で借りたとしたら、返済利息も含めた返済総額は約1億1000万円になります。

つまり、1億1000万円を投資して、年間に960万円の収入を得るということで、この時点で、投資の利回りは８・７パーセントに下がります。

さらに、大家になると、アパートの維持費・管理費や固定資産税、各種保険料なども支払わなくてはなりません。これらの費用が年間２５０万円だったとすると、年間９６０万円の家賃から差し引けば、収益は年間７１０万円になります。

ここまでの計算は、部屋が常に満室という前提。けれど、賃貸の場合、それは考えにくい。特にアパートの場合、古くなればなるほど人が入らなくなります。ですから、稼働率を80パーセントと考えると、収入はさらに減って年間５６８万円。

加えて、最近の賃貸は、部屋にエアコンがあるのは当たり前で、レンジなどの設備をつけているものもあります。また、トイレや風呂釜が壊れたら、修繕代は大家が負担しなくてはなりません。これら諸々の費用を年間１００万円だとすれば、収入は４６８万円となります。

しかも、毎月自分で家賃を徴収して歩く大家というのは少なくて、多くの場合、住民とのトラブルを避けるためにも、家賃の徴収などは不動産業者に委託していることが多いのです。この手数料が、少なく見積もって50万円。

すると、収入は４１８万円ということになります。

この時点で、利回りは３・８パーセントに下がっています。


それでも３・８パーセントの利回りがあればいいと思うかもしれません。ただ、忘れてはいけないのは、収入だけでなく、返すお金。借りた約1億１０００万円に対する返済額は、なんと年間４５０万円です。収入が４１８万円あったとしても、返済するお金が年間４５０万円あるのですから、差し引き32万円の持ち出しということになります。

つまり、借金を返し終わるまでに、８００万円の持ち出しになるのです。

25年後にやっと借金を返し終わった時には、物件は築45年になっています。古い物件は修繕費用もバカにならないので、買い手がいなくなっている可能性があります。８００万円の資産が手元に残るわけでもないのです。

これでは、なんのために投資したのかわからない！ということがおわかりいただけたでしょうか。

「リバースモーゲージ」で、リッチな老後？

最近、「リバースモーゲージ」の利用が増えています。
リバースモーゲージとは、自宅を担保にお金を借りて、返済は契約者の死後、自宅を売却して行うというものです。
老後の資金不足を不安に思いながらも、自宅を離れたくない高齢者のニーズが高いのか、日本経済新聞によると推定融資残高は、１６００億円にも上ります。そのうち500億円が、ここ3年ほどの間に増えていると言われています。

どうせ処分する家なら

家があっても子供が住まないなら、いずれは処分しなくてはならない。けれど、住みなれた家なので、できれば死ぬまで住み続けたい。

そんなことを考える人にとっては、「リバースモーゲージ」は、最適なシステムのように思えるかもしれません。

「リバースモーゲージ」には、2つのタイプがあります。

1つは、お金を借りて利息だけを払い、元金を死後に家で支払うタイプ。しかも、家の価値が元金よりも下がってしまっても、相続人には請求が行かないタイプも出てきています。

たとえば、住宅金融支援機構の保険がついた「リ・バース60」。これまでは、契約者の死後に清算する際、借りた総額より自宅の売却益が少なかったら、相続人が差額を支払わねばなりませんでした。けれど、「リ・バース60」は、借入金が超過したとき用の保険を付けるため、相続人に請求がいきません。

多く借りても請求されないので、一見すると〝借り得〟と思えるかもしれません。が、この商品は、保険がある分、利率が通常より高くなっているという目立たないデメリットがあります。

「リバースモーゲージ」のもう1つのタイプは、毎月の利息返済がない商品です。生前は一切返済せず、死後にすべてを清算します。

お金を借りる人には好都合ですが、金融機関にはリスクの高い契約です。そのため対象となる物件の評価額が高くなければ融資してくれないなど、融資の条件は厳しいものになります。

３つのリスク

「リバースモーゲージ」は、一般的には55歳以上でないと借りられません。70歳で契約して90歳で亡くなったら、金融機関が貸したお金を回収するのは20年後。けれど、40歳だと、50年後ですから、回収までに時間がかかりすぎるので対象とならないのです。

死んでから資金回収をするタイプの場合、都心の一等地の物件など、価値が下がらないことが予想されない限り、大したお金は借りられません。しかも、こうした商品には、大きく3つのリスクがあります。

①長生きリスク

契約者の長生きに備えて、契約期間を定めるケースがあります。契約期間を過ぎたら、返済を迫られ自宅を追い出されてしまうケースもあるのです。

②評価額リスク

担保物件の評価額が下がったら、借入金が予定より減らされたり、融資が中断される危険性があるのです。

③融資額リスク

通常、家を担保にお金を借りると、評価額の7割程度の融資が受けられますが、リバースモーゲージは2～5割程度とかなり低くなるのです。

「リバースモーゲージ」では、金融機関にしっかり見積もりを出してもらいましょう。もし、今売却したら5000万円になる家が、1000万円の評価にしかならないなら、家を売却して新しい小さなマンションを2000万円で買い、3000万円を老後の資金にしたほうが安心ではありませんか？

第4章　老後資金は、いくら必要でしょう

退職金は、貯金しましょう

さて、いよいよ、老後にお金がどのくらい必要かを見ていきましょう。

「老後の不安」と言っても漠然としています。人それぞれにいろいろな不安があるでしょうが、「住まいの不安」を除けば、「老後の不安」の多くは、「介護の不安」と「医療の不安」から来ます。この２つのお金が確保されていれば、かなり安心ではないでしょうか。

そこで、まずお勧めしたいのは、会社員の方は、退職金をそのまま貯金しておくことです。

現在、退職金の平均額は全体平均で約２０００万円と言われています。実は大企業と

中小企業で開きがあり、大企業に勤めていると約2500万円、中小企業だと約1100万円とかなりの差があります。ただし、今40代、50代のこの本を読んでいるみなさんは、前に書いたように、夫婦共働きで老後を迎えるはずです。その前提で続きを読んでみてください。

「介護の不安」と「医療の不安」

さて、「老後の不安」の多くは、「介護の不安」と「医療の不安」から来ます、と書きました。それに対応するには、退職金を貯金することだ、とも書きました。というのも、「介護費用」は、第I部第4章でも触れたように、生命保険文化センターが行なっているアンケートで見ると約600万円。

介護を知らない方は漠然と「1人3000万円くらいだろうか」と想像しているようですが、雲泥の差です。

これは「介護保険」のおかげです。これも触れましたね。

介護では、施設に入って施設代がかかったり、食事代がかかったりと、様々な費用が必要になります。ですからこうした物をすべてひっくるめて、1人平均600万円、夫婦２人で１２００万円確保しておきましょう。

先に述べたように、中小企業に勤めていた場合の退職金は平均１１００万円ですから、医療費まで含めれば３００万円足りないわけですが、住宅ローンの繰り上げ返済などを駆使すれば、諦めてしまうような金額ではないでしょう。

1年間に、介護費用だけでなく医療費もかかったので自己負担が上がってしまったら、「高額介護合算療養費制度」でさらに安くなります。

また、「老後の医療費」も、さぞ高いだろうと思いがちですが、実は、それほどでもありません。

なぜなら、「介護保険」の「高額介護サービス費制度」と同じように、医療費にも「高額療養費制度」といって、かかった医療費が一定額以上になったら、超えたぶんを払い戻してくれる制度があるからです。これも、76ページで述べましたね。

そもそも、今は癌の手術でも1週間くらいで退院するケースが多く、長期入院は少ないので医療費もそこまでかさみません。「老後の医療費」は夫婦で２００万円くらい見ておけばいいでしょう。

というわけで、「介護費用と医療費」で、１４００万円程度を確保しておけば、そこまで心配せずともすむわけです。退職金には手をつけず、貯金しておいた方がよいという理由がおわかりいただけたでしょうか。

もちろん、ここに挙げたのはあくまで平均の数字。こんなにかからない人もいれば、これ以上にかかる人もいます。最終的には持ち家を処分して小さなアパートを借りることも視野に入れておけば、少しは気が楽にならないでしょうか。

年金だけで、暮らしましょう

医療費や介護費用は確保しました。では、日々の生活はどうすればよいでしょう。

今の40代、50代は、すでに給料が右肩上がりの時代は終わり、どちらかというと右肩下がり。しかも、役職定年になるとさらに給料が下がり、下がった給料を基準に退職金が支給され、公的年金ももらうことになります。

50代の場合はそれでも、公的年金も、そこまでドラスティックに下がりそうにはありません。

40代の年金は、かなり不安になってきますが、40代の強みは共働きが多いこと。しかも、パートでも厚生年金に入るケースが多いので、共働きで貯金し、２人の年金を合わせれば、そこそこに余裕のある老後を過ごせるのではないでしょうか。

自営業者の場合は、公的年金はサラリーマンよりも少ないですが、定年がありません。

いつまでも働けるというメリットを生かして、できるだけ健康で長く働くこと、夫婦で働くことが大事です。

「節約」できることは多い

新型コロナで、外食をやめて、ちょっと美味しいものを家で作って食べる習慣ができた人も多いのではないでしょうか。私の周囲では、節約が身についたというご家庭をよく耳にします。

通信費や固定費なども、しっかり見直せば、節約効果はさらに上がります。

パソコンやスマホはもはや欠かせないものですが、それは老後を迎えても同じ。ネット情報を駆使すれば、割安に生活できる時代になっているからです。

ただ、パソコンやスマホを駆使する際に必要な通信費は、まだまだ割高な費用を払っているご家庭が多い。総務省家計調査では、2人以上の世帯の通信費は、平均月1万3291円（2021年）。スマホ料金とネット料金が大半ですが、今では格安スマホも出ていますし、高齢者向けの月に1人1000円を切るプランも出ています。現役を退く際に、見直してみてはどうでしょう。

通信技術の進化により、料金はますます下がって行くことが予想されます。マメに見直しをして、節約に役立てましょう。

「固定費」の見直し

固定費は、１回見直せば、ずっと効果があります。

毎月支払っている生命保険料や電気代、ガス代、水道代、定期購読料、スマホアプリ代、スポーツクラブの料金などは、一度契約するとそのままというご家庭も多いようですが、必要かそうでないかマメに見直しましょう。

心配になるのは、生命保険にかなり入っているという方が多くおられることです。当然のことですが、たくさん生命保険に入っていても、死んだり病気になったり怪我をしなければ保険金は出ません。

保険は、不幸な目にあった時にお金が出る「不幸くじ」。もし、その年に自分が不幸な目にあわなければ、自分が払った保険料は、不幸な目にあった他の人に手渡されて終わります。

40代で子供がまだ小さい、教育資金などが心配、というなら保険も必要でしょう。子供が大学を出るまでは1人1000万円ほどの掛け捨ての保障を、インターネットなどで割安に契約しておいたほうがいいかもしれませんが、子供が独立したら見直しましょう。

子供が独立すれば、電気代も下げられます。アンペアをワンランク下げれば、基本料金だけでなく使う電気量も減らせるので節約になります。電気とガスをセットにしたセット割で安くなる会社もあります。

節約の方法はさまざま。それこそ、風呂に入る時には追い炊きが必要ないよう続けて入る、食事は温め直しが必要ないよう揃って食べる、冷暖房が必要な時期には、なるべく同じ部屋で過ごす、など生活習慣の改善も兼ねた節約術は枚挙にいとまがありません。些細なことのようですが、こうした日々の積み重ねで、年金だけで暮らせる生活にしておくことが「安心な老後」につながるのです。

「二世帯住宅」を活用しましょう

117ページで二世帯住宅について触れました。前回触れたときには、親が存命でしたが、あなたが老後を迎える際には他界されているでしょう。

そうなると部屋が空きますから、家庭を持った子供と孫と一緒に住むというのもひとつの手でしょう。

貸すのも選択肢

子供が遠くに勤めてしまったり、二世帯はイヤだと言うのであれば、他人に貸すことも視野に入ってくるでしょう。老後の安定収入が得られるかもしれません。

昔は、玄関が一緒だったり、家の中で一箇所それぞれの世帯が行き来できるところがなければ、税制上「二世帯住宅」として認められませんでした。

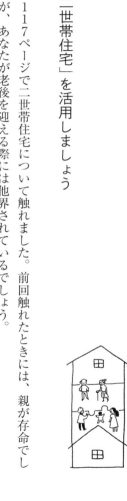

けれど、いまは、アパートの1階と2階のように、完全に分離した構造でも「小規模宅地等の特例」が使えるようになっています。

遠くにいる子供も、いつかは親元に帰ってくるかもしれません。そうなれば、親が建ててくれた家を引き継ぎ、子供に譲る、ということができれば、これもまた親孝行と言えるでしょうし、その家であなたが老後の収入を得られるのであれば、天国の親も、離れて住む子供も、安心してくれるのではないでしょうか。

第5章　劇的に変わる「あなた」の老後

医者も施設も30年後には余っている?

親を介護施設に入所させようと、いろいろなところを訪ね歩いても、どこも満杯で順番待ち――そういう経験をした方は少なくないと思います。

今は高齢者が増える一方、介護施設の数が不足しているからです。東京都の特別養護老人ホームでは、１０００人待ちどころか、２０００人待ちのところも出てきています。

こうした状況を見ると、自分たちが年老いた時に、しっかりした介護施設に入れるのだろうかと心配になってくるかもしれません。

けれど、それほど心配しなくてもいいのではないかと思います。なぜなら、みなさんが介護されるかもしれない30年後には、施設にゆとりができていることが予想されるからです。

介護の2025年問題

「介護の2025年問題」という言葉をご存知でしょうか？

2025年になると、戦後の第一次ベビーブーム（1947〜1949年）に生まれたいわゆる「団塊の世代」が後期高齢者となり、75歳以上の高齢者は2180万人になると予想されています。国民の3人に1人が高齢者という超高齢化社会に突入するのです。

現在、50万人以上の「介護待機老人」がいると言われていますが、こうした状況の中では、介護施設に入れないという人がますます増えるでしょう。

ただ、このピークを過ぎれば、介護施設にもゆとりが出てくるはずです。今の介護施設は、このピークを目指して建設されてきたからです。

昭和の終わりごろ、多くの子供が大学への進学を望み、大学が足りなくなりました。そこで平成の30年間に大学は300校も増えて800校超になりましたが、その後、少子化の影響で子供が減って、すでに200校以上が定員割れになっています。

同じようなことが、介護施設でも起きるのではないでしょうか。

しかも、政府は、医療や介護の支出を減らすため、「病院から自宅療養へ」「施設から自宅介護へ」という政策を積極的に打ち出しています。自宅で介護を受ける人が増えれば、さらに施設が余ることになるかもしれません。

施設だけでなく医師や看護師も

現在、不足しているのは、介護施設だけではありません。医師や看護師も不足しています。特に新型コロナの影響もあって、不足に拍車がかかっています。

ところがこの問題も、みなさんが介護を意識し始める30年後には、状況が変わっているはずです。

今まで政府は医師不足を解消するため、各大学での医師の育成に力を入れて来ました。結果、現在では、毎年、数千人単位で医師が増えています。一人前の医者になるには10年かかると言われています。ですから、新型コロナのような特殊要因がなければ、この10年の間には、医師不足は解消するはずでした。医師不足が解消するだけでなく、その先には、医師余りということも予想されていました。

余りそうなのは、医師ばかりではありません。人材不足と言われてきた看護師も、20年から30年後には、余ってくる可能性があります。

今まで看護師は、圧倒的に不足していました。そのため、看護師の育成が急がれ、1991年には11校しかなかった看護大学や大学の看護学科が、2020年にはなんと274校にも増えました。入学定員数も、1991年には558人だったものが、今や2万人を超えています（文部科学省）。

こうして育成された看護師が、どんどんと社会に出てきて、2025年には14万人もの病院勤務の看護師が余剰になるのではないかと推計されていました（グローバルヘルスコンサルティング・ジャパン）。

30年後には人口減少で病院の数も減っていると言われています。その一方で、多くの医師や看護師が、キャリアを活かして訪問看護の世界に入ってくると予想されています。

つまり、みなさんの老後は施設に入りやすいだけでなく、自宅で介護を受けながら、頼もしい医師や看護師に見守られて一生を終えることができるようになっているかもしれないのです。

介護の形も変わるでしょう

30年後には、介護の形も大きく変わっていることでしょう。もしかしたら、「車いす」が過去の遺物になっているかもしれないとも言われています。

現在、ある企業で歩行をアシストするスーツが開発されつつあります。これを装着すれば、体が弱っていても、行きたいところへどこにでも行けるようになるわけです。「まさか、そこまで進歩してはいないだろう」と思う方もおられるでしょう。そういう方は、今から30年前を思い起こしてください。

１９９５年は、マイクロソフトが「Windows95」というパソコンソフトを売り出した年です。

それまでインターネットは、軍事用や専門家の間での高度な情報のやり取りに使われはしていましたが、一般の人たちにとってはほとんど関係ないものでした。それが、

「Windows95」の発売で、広く一般の人たちにも知られるようになったのです。当初は手探り状態で利用されていたインターネットも、約30年が経った現在、私たちの生活の必需品となっています。

技術の進歩を考えると、30年という時間は、歩行スーツが「車いす」に取って代わるには充分な時間かもしれないのです。

進む技術の進化

すでに、介護の現場では、ロボット化・IT化が進んでいます。

4年ほど前に、ある介護施設でアシストスーツという腰を補助する簡易介護ロボットを装着させてもらいました。このアシストスーツをつけて入居者の高齢者を抱き上げたのですが、非力な私があまりに楽々とその方を抱き上げられたことに驚きました。

介護の職場は、「きつくて大変」と言われて人手不足です。しかも高齢者を介助して持ち上げるために腰を痛めてしまう人が多いのだそうです。それを楽にするために、この施設ではIT化を進めていました。

入居者の日常的なスケジュール管理にタブレット端末を導入し、定期的に排泄を促すことで、オムツをしなくても寝られる環境をつくっていました。また入居者の部屋は、プライバシーを侵害しない程度にシルエット画像で見えるようになっており、それを一室でチェックすることで、転倒防止などの見守りに努めていました。

遠方の家族が高齢者を見守るシステムも進化しています。

電気ポットやテレビなどの家電が、すでに高齢者の見守りのツールになっていることは、60ページで書きました。

アメリカでは、すでに身体に何も装着せずにセンサーで、心拍数、呼吸、睡眠、転倒などのモニタリングをする技術が開発されています。部屋にいる時の動きもセンサーが感知するため状況が常に把握でき、例えば部屋を出て徘徊するなどすると、家族のスマートフォンにメールが届くようになっています。日本でも、この機器は、介護保険の補助で1〜3割の負担でレンタルすることが可能になっています。

あるいは、やはりアメリカでは、熱中症になっても気づかない高齢者のために、AIがエアコンを自動操作し、戸締りも自動的にしてくれるシステムが開発されています。

車の自動運転技術は今後さらに進化するでしょうし、高齢者を取り巻く環境自体が、今なお変わり続けているのです。

医学の進歩で長生きする

医学の進歩も日進月歩です。

新型コロナが世界中で猛威を振るった際、注目されたのが「メッセンジャーＲＮＡ」を利用した最先端のワクチンでした。世界を驚かせたのはその開発期間の短さでした。従来の技術では数年かかる感染症ワクチンが1年かからずに出来たのです。この新しい技術は、いま様々な治療で注目されています。これは、遺伝子治療の入り口にあった技術で、新型コロナ禍で威力を発揮したことで、医療関係者に大きな希望を与えました。

感染症予防だけでなく、がん治療、心筋梗塞、アルツハイマー病やパーキンソン病などの脳疾患、糖尿病など多くの病気の治療への研究が、加速度的に進んでいるのです。

老化の研究も進んでいます。

年齢を重ねれば、誰でも目が霞んでくるし歯もボロボロになってくる。肝臓も腎臓も心臓も、年相応に弱っていく――それは自然の摂理であり、どうしようもないことだと今までは考えられてきました。

けれど、２００６年に京都大学の山中伸弥教授らが世界で初めてｉＰＳ細胞をつくったことで、この常識が覆りました。

ｉＰＳ細胞は、万能細胞とも呼ばれ、理論上はどんな細胞にも分化することができます。ですから、自分のｉＰＳ細胞で組織や臓器などをつくり、自分の体の弱った部分に移植すれば、拒否反応なく本来の機能が取り戻せるという希望が生まれました。

２０２１年12月には、これまでリハビリ以外に有効な治療法がなかった脊髄損傷の治療にｉＰＳ細胞由来の細胞を移植する世界初の手術が実施されています。

こうした研究が進めば、老化した臓器をｉＰＳ細胞でつくり、拒否反応を起こさずに取り替えることも可能になるかもしれません。

まさに、人生１００年時代がすぐそこまで来ているということです。

国民健康保険制度は優秀です

「どうせ、最先端の技術なんて高いだろうから、私には関係ない」と思うかもしれません。

しかし、日本には、世界に冠たる医療制度があります。「国民健康保険制度」です。

この制度では、従来の医療だけでなく最先端の技術でも、有効だとわかれば取り入れ、安く治療が受けられるようにしてくれます。

たとえば、がんの特効薬でありながら、2000万円から4000万円かかると言われ、ほとんどの人には手が届かなかったキムリアやオプジーボといった薬も、今は健康保険の対象が拡大しつつあり、多くの人が安価で使えるようになっています。また、1000万円もする高額なロボット手術・ダヴィンチも、前立腺がんや肺がん、子宮がんなどいくつかの手術で、保険適用になっています。

最近の医学は、「治療」だけでなく「予防」にも、精力的に取り組んでいます。国の医療費負担が増大しているので、いかに病気になる人を減らすかということに目が向いているのです。

これらもすべて国民健康保険制度があってこそ。かつて海外からの働きかけで、健康保険制度が弱体化しそうな局面がありましたが、そうしたことがないよう、この制度をしっかりと守っていかなくては、と私は思っています。

いつも傍に、マイ・ドクター

ＩＴの進化は、病院に行かなくても、いつでもそばに自分の主治医を確保できる時代をもたらしました。

２０２２年4月26日、病院で薬などと一緒に処方される高血圧症の「治療用アプリ」が薬事承認されました。

高血圧症の患者は日本に約４３００万人。その治療には、食事や運動など生活習慣の改善が重要と言われています。ですから、病院で医師に指導してもらうのですが、言われたことを患者が忠実に守れるかといえば、なかなか難しい。面倒になったり忘れたり、継続できない人も多いようです。

そうしたときに、強い味方となってくれるのが「治療用アプリ」です。

次の通院までの間、自宅で測定した血圧などが記録され、食事や体調なども記録されます。その記録をもとに、アプリがデータを瞬時に分析して、減塩食や運動などを毎日提案し、目標の達成度まで知らせてくれます。医者に行くのが月に数回でも、その間は、アプリが患者に寄り添う伴走者として、治療のために良い選択を促してくれるのです。

治療用アプリの開発は、新薬と同様に臨床試験も行われています。医師から生活改善の指導を受けた後、自宅でアプリを利用した患者は、アプリなしの患者より、治療12週目の血圧がより低くなり、脳や心臓の血管疾患を招くリスクを約10パーセント下げる数値に相当するという結果も報告されています。

2020年にはニコチン依存症の治療アプリが呼気の測定器とセットで承認されましたが、アプリ単体での承認は国内初。高血圧症が対象の治療用アプリは世界初です。

「どこでも治療」も、進化しています。「オンライン診療」や「オンライン服薬指導」についてはすでに述べました。これに加えて「オンライン診療」の仕組みを利用した「スマホ診療」も始まっています。血圧や心拍数などの測定もできる腕時計型のスマートウォッチも普及しつつありますし、こうしたウェアラブル端末も進化していくでしょう。30年後には、24時間健康状態を見守って、適切な治療をいつでも施せるような技術も開発されているかもしれません。

今は「人生100年時代」と言われてもピンとこない人も多いようです。しかし、医学と技術の進歩は、確実に、私たちをそんな社会に近づけています。いつまでも現役で、もしかしたら「余生」という考え方がなくなる未来がやってくるかもしれません。

長い老後に、何をしよう？――あとがきにかえて

みなさんが「老人」と言われるようになるころには、日本には、１００歳を過ぎても元気なご老人が山のようにいることでしょう。

30年前には全国で５０００人前後だった１００歳を超える人が、現在では9万人に迫る状況です。30年後には、１００歳超の人が１００万人を超えていてもおかしくないかもしれないのです。

そうなると、もはや70歳、80歳くらいでは「老人」とは言われなくなっているでしょう。社会常識やモラルも大きく変わり、性別も年齢も超えた社会が実現しているかもしれません。

人生設計も劇的に変わって来ます。なぜなら、生涯現役という人が増えてくるからです。もしかしたら、「定年」もなくなっているかもしれません。

実は今、世界で最も大きな職場は、インターネットの中にあります。前にも述べた「Upwork（アップワーク）」という、働きたい人と仕事を依頼したい企業を結びつけるマッチングサイトには約1000万人が登録し、約400万社の企業が仕事の発注をしています。

働くのに、国籍も年齢も性別も学歴も、関係ありません。必要とされるのは、求められるスキルがあるかどうかということだけ。日本にも、「クラウドワークス」や「ランサーズ」など、同じようなマッチングサイトが多数あり、いずれも急成長しています。

アメリカでは、2027年には労働人口の半数以上がフリーランス業務に携わることになるという報告書が提出されていますが、そのかなりの数が、クラウドソーシングで働くようになると言われています。

クラウドソーシングなどが盛んになってくると、住まい方も変わってきます。どこに住んでも、仕事ができるということになるからです。

東京の一極集中も、30年後には解消されているかもしれません。

2021年、東京23区で25年ぶりに、人口の流入よりも流出が多いという現象が見られました。

コロナ禍で、外国人の流入が少なかったという特殊事情もあったのでしょうが、ただ、東京都では、2025年から都の人口減少が始まると予測していました。

国土交通省が2021年1月に公表した「都道府県別の経済的豊かさ」のランキングを見ると、手取り収入から家賃や光熱費などの生活費及び通勤時間も考慮すると、東京都の豊かさは、最低の47位でした。厚生労働省公表の待機児童数（2021年）も、東京は47都道府県中1位の多さです。

住むにはコストも高いし、子育てもしにくい。東京はもう、憧れの都ではなくなってしまったのかもしれません。

最終章では、思いつくままに来るべき未来の変化を挙げてきましたが、30年という歳月は、それほどまでにいろいろなものを変えていきます。

すでに、いい大学を出て、東京のいい会社に就職して、ローンを組んで家を買って、子供をいい大学に入れて、一生安泰——そんな時代ではなくなっています。

この本を読んで、ある程度の貯金をし、仕事を続けられる限り続け、子供を独り立ちさせて、夫婦2人でなんとかやっていく、そんなビジョンが描けたら、もうあなたの老後への不安は解消されていることでしょう。

人生は一度きり。誰もが、死んで終わります。その死のまぎわに「いい人生だったなぁー」と思えれば、それが「豊かな老後」なのではないでしょうか。

荻原博子　1954（昭和29）年、長野県生まれ。経済事務所勤務を経て独立、経済ジャーナリストとなる。著書に『10年後破綻する人、幸福な人』『投資なんか、おやめなさい』『払ってはいけない』他多数。

Ⓢ新潮新書

962

老後《ろうご》の心配《しんぱい》はおやめなさい
親《おや》と自分《じぶん》の「生活戦略《せいかつせんりゃく》」

著　者　荻原博子《おぎわらひろこ》

2022年 8月20日　発行

発行者　佐　藤　隆　信

発行所　株式会社新潮社

〒162-8711　東京都新宿区矢来町71番地
編集部（03）3266-5430　読者係（03）3266-5111
https://www.shinchosha.co.jp

装幀　新潮社装幀室
組版　新潮社デジタル編集支援室

図版製作　ブリュッケ
印刷所　株式会社光邦
製本所　株式会社大進堂

ISBN978-4-10-610962-1　C0233